내일을 여는
중국어 입문

내일을 여는 중국어 입문

지은이 길노을
펴낸이 정규도
펴낸곳 (주)다락원

초판 1쇄 발행 2026년 3월 5일

편집 허윤영
디자인 하태호, 허문희
일러스트 김영진(ozin2@naver.com)
이미지 Shutterstock

다락원 경기도 파주시 문발로 211
내용문의: (02)736-2031 내선 520
구입문의: (02)736-2031 내선 250~252
Fax: (02)732-2037
출판등록 1977년 9월 16일 제406-2008-000007호

ISBN 978-89-277-0242-9 13720

http://www.darakwon.co.kr
다락원 홈페이지를 방문하시면 상세한 출판정보와 함께 동영상 강좌, MP3자료 등 다양한 어학 정보를 얻으실 수 있습니다.

내일을 여는
중국어 입문

길노을 지음

다락원

이제는 중국어 공부를 시작할 때!

저는 주민자치센터와 여러 기업체에서 중국어를 가르치고 있습니다. 많은 수강생들이 중국 여행 가서 중국어 한마디 해보려고, 또는 한국에 넘쳐나는 요우커(游客, 중국인 관광객)들과 의사소통하려고 중국어를 공부하러 왔다고 하십니다. 중국은 영토가 넓은 만큼 고원, 초원, 사막, 산악지대 등 여행할 곳도 많아서 여행을 좋아하는 사람이라면 누구나 한 번 이상은 가게 되는 곳이고, 한국으로 관광오는 중국인도 해마다 늘고 있으니까요.

중국어, 어렵지 않아요

'배움에 늦음은 없다'고 합니다. 다양한 연령대의 수강생들의 중국어 학습에 대한 열정을 보며 강사인 제가 거꾸로 자극받기도 합니다. 반면에 중국어가 어렵다는 생각에 선뜻 배울 생각을 못하시는 분들도 있습니다. 하지만 중국어가 어렵다는 편견은 버리세요! 발음과 성조(음의 높낮이)만 노래 부르듯 자연스럽게 익히면 문장 만들기는 영어보다 훨씬 쉽습니다. 이 책을 기획하면서 가장 크게 고려한 부분도 이런 점을 부각시키는 것이었습니다. 중국어를 처음 접해보신 분이나 조금 공부하다 포기하신 분도 아주 쉽고 재미있게 중국어의 기초를 다질 수 있도록 하는 것이었어요.

초보를 위한 맞춤형 교재

부담 없이 중국어에 입문하시라고 몇 가지 장치를 고민했습니다. 먼저, 각 단원에는 중국어 문장의 기초를 다질 수 있는 기초 문장을 제시하고, 상세하고 쉬운 설명을 바탕으로 중국어를 잘 모르시는 분들도 쉽게 접근할 수 있도록 하였습니다. 글씨를 크게 써서 눈이 안 좋은 분들도 편하게 읽을 수 있게 했고, 중국어 발음에 익숙하지 않은 분들을 위해 각 단어와 문장에 한글 발음을 함께 제시했습니다. 다락원 홈페이지에서 내려받을 수 있는 음성파일은 언제 어디서나 원어민 발음을 듣고 따라 말할 수 있도록 하는 데 큰 도움이 될 것입니다.

이 책이 나오기까지 원고 쓰느라 바쁜 아내를 위해 은재와 은준이에게 좋은 아빠가 되어준 영원한 벗 구본휘 씨에게 감사하며, 중국어 학습자로서 조언을 아끼지 않은 용인시 보정동, 마북동, 구갈동 주민자치센터 수강생들께도 감사 드립니다. 또한 좋은 책으로 거듭날 수 있도록 도와주신 다락원 편집부에도 깊은 감사를 표합니다.

길노을

왕초보에게도 어렵지 않습니다

이 책은 중국어를 한 번도 배운 적이 없는 왕초보를 위한 책입니다. 발음부터 기초문법, 간단한 회화까지 중국어 실력을 차근차근 늘려갑니다. 많은 내용을 담기보다는 꼭 필요한 것만 반복하고 조금씩 늘려가니까 중국어 공부도 어렵지만은 않습니다. 또한 중국 음식 이름이나 지명, 중국만의 고유한 관습 등 중국 문화에 대해 이것저것 소개해주는 '차이나 이야기' 코너를 읽다보면 중국의 매력에 빠져들게 됩니다.

읽기 쉽게 한글로 발음을 달았습니다

한어병음과 함께 한글 발음을 달았습니다. 성조 표시도 놓치지 않았습니다. 먼저 한글이나 병음을 보고 발음을 익힌 후에, 정확한 발음은 원어민이 녹음한 음성파일을 들으며 확인하세요.

중국어 단어를 우리나라 한자로도 찾아볼 수 있습니다

한자로 찾는 중국어 단어장에는 책에 나온 단어를 단원별로 정리해서 따로 공부할 수 있게 했습니다. 단순히 단어만 나열한 것이 아니라 단어장을 보며 중국어 단어의 한국식 뜻과 음을 알 수 있습니다.

복습하기 딱 좋은 학습자료도 푸짐합니다

문법 정리표와 **여행 중국어** 코너 등 유용한 학습자료가 가득합니다. 별책부록 **매일매일 쓰기 노트**에서 배운 문장을 직접 써보며 내용을 복습할 수 있습니다. 각 과에서 학습한 내용으로 회화연습을 할 수 있는 **회화연습 워크시트**도 잊지 말고 다락원 홈페이지에서 내려받아 활용해 보세요.

첫째 마당 먼저 알아두기

본격적으로 공부하기에 앞서 미리 알아두어야 할 내용을 담았습니다. 기본적인 중국어 발음을 포함하여 중국어란 어떤 것인지 알아보는 **중국어와 한국어의 차이점**과 **중국어 살펴보기**, 기본적인 문법 용어를 정리한 **꼭 알아둘 문법용어**, 간단한 중국어 인사말과 숫자를 미리 배워보는 **인사말과 숫자 맛보기**까지, 중국어의 기초를 먼저 익힙니다.

둘째 마당 공부 시작하기

총 20과의 수업에서 기초 문장 80개를 배우면서 중국어의 기본적인 말하기 공식을 익힙니다. 주요 문법 사항을 살펴보는 **문법 익히기**와 다양한 단어와 표현을 익히는 **표현 배우기**, 중국어 발음을 연습해보는 **발음 익히기**까지 공부하고 나면, 마지막으로 **확인하기**에서 문제를 풀면서 배운 내용을 점검합니다. **차이나 이야기**에서는 중국어와 중국에 대한 흥미로운 이야기를 읽으며 잠깐 쉬어갑니다.

셋째 마당 더 알아두기

좀 더 공부하려는 분들을 위한 보너스 코너입니다. 앞에서 배운 문법사항을 보기 쉽게 정리한 **한눈에 보는 문법 정리표**, 중국 여행에서 써먹을 수 있는 **생각보다 쉬운 여행 중국어**, 책에서 배운 단어를 찾아보기 쉽게 한국식 한자와 함께 제시한 **한자로 찾는 중국어 단어장**을 실었습니다. 앞에서 배운 기초문장을 직접 써보면서 연습하는 **매일매일 쓰기 노트**도 별책부록으로 드립니다.

부가자료를 다락원 홈페이지에서 내려받으세요! (darakwon.co.kr)

■ **MP3 파일**: 원어민의 생생한 발음을 듣고 따라 말해 보세요.
■ **회화연습 워크시트**: 책에서 배운 내용을 바탕으로 회화연습을 보충할 수 있어요.

목차 • • •

셋째 마당 · 더 알아두기

1

먼저 알아두기

중국어와 한국어의 차이점

1 중국 한자와 우리나라 한자는 다르다

한국어는 한글로 표기하고, 중국어는 한자로 표기한다는 것은 다들 알고 계시겠지요? 물론 한국어에도 한자어 단어가 많아 예전에는 신문에 한자를 그대로 표기하기도 했지만, 중국에서 쓰는 한자와 우리나라에서 쓰는 한자는 다릅니다. 중국은 한자의 복잡한 획을 좀 더 간략하게 바꿔 쓰거든요. 이렇게 우리나라와 대만에서 쓰는 한자를 '번체자'라고 하고, 현재 중국에서 쓰는 한자는 '간체자'라고 합니다.

한국어 **馬**

중국어 **马**

2 중국어는 목적어가 동사 뒤에 온다

중국어는 한국어와는 어순이 다릅니다. 어순이란 주어, 동사, 목적어 같은 문장성분이 문장에 등장하는 순서를 말합니다. 예를 들면, 한국어로는 "나는 너를 사랑한다"라고 하지만 중국어로는 "나는 사랑한다 너를"이라고 씁니다. 또한 중국어에는 한국어의 '은, 는, 이, 가' 같은 조사(토씨)가 없습니다. 사실 한국어에는 조사가 있기 때문에 어순이 조금 틀려도 의미를 짐작할 수 있습니다. 하지만 중국어는 그렇지 않지요.

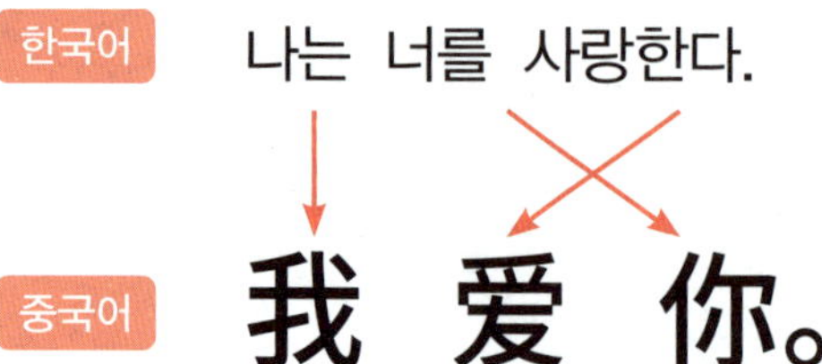

3 중국어는 음의 높낮이에 따라 뜻이 달라진다

중국어는 같은 글자라도 음의 높낮이에 따라 뜻이 달라집니다. 이러한 음의 높낮이를 '성조'라고 하지요. 한국어에서는 "밤이 맛있다"라고 말할 때 '밤'을 올려서 읽건 내려 읽건 모두 '먹는 밤'이란 걸 알 수 있지만, 중국어에서는 전혀 다른 의미가 될 수 있는 것이죠. 예를 들어, 똑같은 '마' 소리도 높낮이에 따라 엄마, 말, 삼베, 욕하다 등 여러 의미로 이해할 수 있습니다.

한국어 눈이 아프다 = 눈이 아프다

중국어 mā(엄마) ≠ mǎ(말)

4 중국어에는 띄어쓰기가 없다

한국어는 "나는 너를 사랑한다"처럼 단어 사이를 띄어 쓰지만, 중국어는 모두 붙여 씁니다. 문장이 끝난 후에만 띄어주면 됩니다. 띄어쓰기는 한국어를 모국어로 하는 사람들도 무척 까다롭게 느끼는 부분인데, 중국어에서는 이것이 없으니 쉽다고 느끼는 분들도 많습니다. 또한 중국어에서 마침표의 형태는 。과 같은 동그라미 점을 씁니다. 물음표나 느낌표 같은 다른 문장부호는 동일하게 씁니다.

한국어 나는 너를 사랑한다.

중국어 我爱你。

중국어 살펴보기

1 중국어의 발음기호, 한어병음

중국어의 발음기호를 '한어병음'이라고 합니다. 한어병음은 한국어의 모음에 해당하는 '운모'와 자음에 해당하는 '성모', 그리고 음의 높낮이를 나타내는 '성조'로 구성됩니다. 한어병음은 알파벳으로 표기하기 때문에 영어식으로 읽으면 되지만, 영어와는 다른 발음도 있습니다.

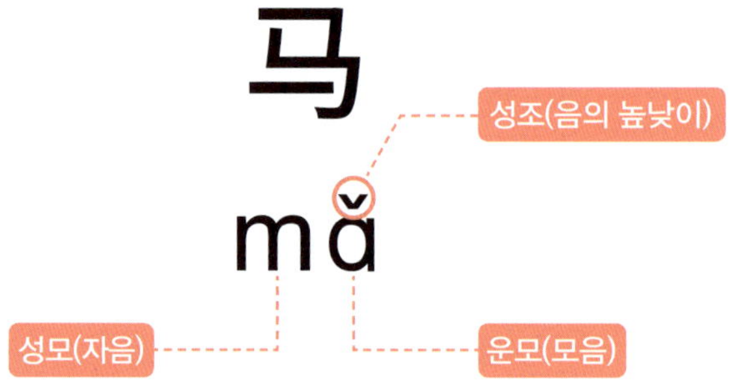

한어병음 = 성모＋운모＋성조

2 중국어의 모음, 운모

🎧 00-1. mp3

기본 운모는 총 6개가 있습니다. 발음을 듣고 따라해보세요.

a [아]	o [오어]	e [으어]❶
i [이]	u [우]	ü [위]❷

❶ e [으어]는 영어와 다른 발음이므로 '에'로 읽지 않게 주의하세요.
❷ ü [위]는 '위'로 발음하되, 끝까지 둥근 입술을 유지합니다.

중국어를 배울 때 가장 큰 장벽이 발음이라고들 합니다. 반면에 문장 구조는 간단해서 발음 익히기의 고비만 넘기면 빠르게 실력이 는다고들 하지요. 여기서는 중국어의 발음에 대해 간단히 살펴봅니다.

3 중국어의 자음, 성모

중국어의 자음인 성모는 총 21개가 있습니다. 자음은 모음 없이는 발음할 수 없으므로, 아래에서는 21개의 성모에 기본운모를 붙여 발음해보겠습니다. 발음을 듣고 따라해보세요.

bo [뽀어]	po [포어]	mo [모어]	fo [포어]
de [뜨어]	te [트어]	ne [느어]	le [르어]
ge [끄어]	ke [크어]	he [흐어]	
ji [지]	qi [치]❶	xi [시]	
zi [쯔]	ci [츠]	si [쓰]	
zhi [즈]❷	chi [츠]❷	shi [스]❷	ri [르]❷

❶ q [치]는 영어와 다른 발음입니다. '키'로 읽지 않게 주의하세요.
❷ zh, ch, sh, r은 영어의 r을 발음하듯 혀를 만 상태에서 발음합니다.

4 성조 이해하기

중국어가 노래 부르는 것처럼 들리는 이유는 바로 '성조' 때문인데요. 성조란 음의 높낮이를 말합니다. 중국어에서 성조가 중요한 이유는 이 음의 높낮이에 따라 뜻이 달라지기 때문입니다. mɑ[마]라는 소리를 예로 들어 살펴볼까요?

mā에서 ā 부분의 성조가 1성입니다. 운모 위에 직선을 그어 표시하지요. 1성은 〈산토끼〉 동요의 첫음 '산−'에 해당하는 '솔'음입니다.

má에서 á 부분의 성조가 2성입니다. 운모 위에 오른쪽으로 올라가는 사선을 그어 표시하지요. 2성은 방금 들은 말을 되물을 때 "네?"하는 느낌으로 확 올리면 됩니다.

mǎ에서 ǎ 부분의 성조가 3성입니다. 3성은 뭔가를 깨달았을 때, "아～!"라고 하듯이 말합니다.

mà에서 à 부분의 성조가 4성입니다. 4성은 우리가 화났을 때, "야! 하지 마!"라고 소리를 지를 때처럼 내리꽂는 음입니다. 4성이 화난 듯한 억양이라고 해서 안 좋은 뜻을 전달하는 것은 아니니 오해는 하지 마세요.

마지막으로, 가볍게 발음하는 '경성'이라는 성조가 있습니다. ma를 경성으로 발음하면, 의문문을 만들 때 문장 끝에 붙이는 어기조사가 됩니다.

5 중국어의 문장 구조

이제부터 본격적으로 중국어 문장을 만들어볼까요. 중국어의 기본 어순은 영어와 같은 '주어+동사+목적어'입니다. "나는 너를 사랑해"가 영어로는 I love you.이고 중국어로는 我爱你。[Wǒ ài nǐ.]가 되지요.

그러면 앞에서 발음을 연습할 때 배운 단어를 이용해서 중국어 문장을 만들어봅시다. 한어병음은 문장 처음에는 대문자로 쓰고 단어마다 띄어서 씁니다. Wǒ ài nǐ.처럼 말이죠.

妈 [mā]	麻 [má]	马 [mǎ]	骂 [mà]
엄마	삼베	말	욕하다

1단계 다음 한국어 문장을 보고 바로 중국어로 말해보세요.

    (1) 엄마가 욕한다.

    (2) 말이 욕한다.

    (3) 엄마가 말을 욕한다.

    (4) 말이 엄마를 욕한다.

2단계 위 1단계 각 문자의 한어병음을 써보고, 성조에 주의해서 읽어보세요.

                       〈한어병음〉   〈간체자〉

    (1) ＿＿＿＿＿＿＿＿＿＿＿＿＿＿＿＿＿＿＿＿＿＿＿＿＿＿＿＿＿＿＿＿

       엄마가 욕한다.

    (2) ＿＿＿＿＿＿＿＿＿＿＿＿＿＿＿＿＿＿＿＿＿＿＿＿＿＿＿＿＿＿＿＿

       말이 욕한다.

    (3) ＿＿＿＿＿＿＿＿＿＿＿＿＿＿＿＿＿＿＿＿＿＿＿＿＿＿＿＿＿＿＿＿

       엄마가 말을 욕한다.

    (4) ＿＿＿＿＿＿＿＿＿＿＿＿＿＿＿＿＿＿＿＿＿＿＿＿＿＿＿＿＿＿＿＿

       말이 엄마를 욕한다.

3단계 한어병음 옆에 간체자를 써보고, 다시 문장을 읽어보세요. ▶ 정답은 19쪽에 있습니다.

꼭 알아둘 문법 용어

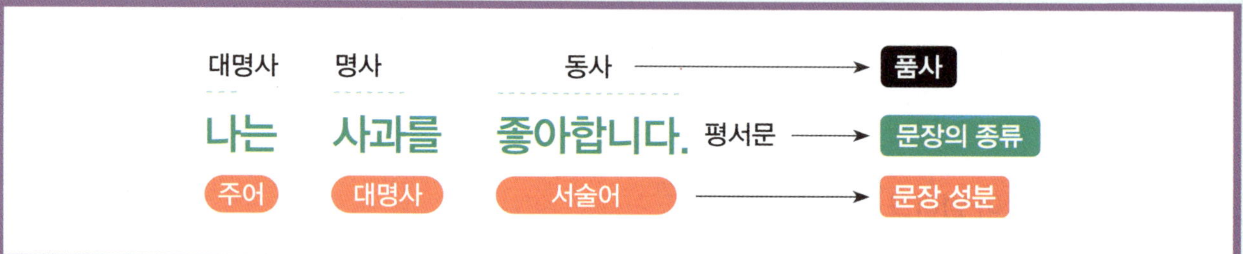

1 품사

중국어에는 명사, 대명사, 동사, 조동사, 형용사, 부사, 수사, 양사, 조사, 개사(전치사), 접속사, 감탄사, 의성사 등의 품사가 있습니다. 이 중에서 명사, 대명사, 동사, 조동사, 형용사는 기초 단계에서 중요한 개념이니 잘 알아두세요.

명사	사람, 사물, 동식물, 장소의 이름	爷爷 [yéye] 할아버지 韩国人 [Hánguórén] 한국인 孙悟空 [Sūn Wùkōng] 손오공
대명사	명사를 대신해서 쓰는 말. 인칭대명사(나, 너, 그, 그녀), 지시대명사(이것, 저것), 의문대명사(무엇, 누구, 어디) 등이 있음.	我 [wǒ] 나　你 [nǐ] 너, 당신 这 [zhè] 이것　那 [nà] 저것 什么 [shénme] 무엇
동사	사람이나 사물의 움직임이나 존재, 소유를 나타내는 말	是 [shì] ~이다　有 [yǒu] ~가 있다 去 [qù] 가다
조동사	동사 앞에서 '~하고 싶다', '~해야 한다', '~할 수 있다' 등의 의미를 더하는 말	想 [xiǎng] ~하고 싶다　要 [yào] ~하려고 하다　会 [huì] ~할 수 있다
형용사	사람이나 사물의 성질을 나타내는 말	好 [hǎo] 안녕하다, 좋다　胖 [pàng] 뚱뚱하다　忙 [máng] 바쁘다
부사	동사나 형용사를 꾸며주는 말	很 [hěn] 매우　太 [tài] 너무
조사	문장 끝에 붙어 말하는 사람의 어기를 나타내는 말(어기 조사)	吗 [ma] ~합니까?　吧 [ba] ~하자! 了 [le] '완료'의 의미(책에서는 이 뜻으로 쓰지 않고, 太~了 구문으로 '너무 ~하다'라는 의미로 사용)

앞으로 공부하며 알아두면 좋은 다양한 용어에 대해 미리 배워봅시다. 문법 용어라고 해서 지레 겁먹지 말고 꼼꼼하게 읽어보세요. 기본 개념을 확실히 익히고 넘어가면 뒤에 나온 설명을 이해하기 더 쉬워집니다.

2 문장 성분

같은 품사라도 문장 안에서는 다른 문장 성분으로 쓰일 수 있습니다. 예를 들어, 명사는 문장에서 주어로도 쓰일 수 있고 목적어로도 쓰일 수 있어요. 중국어 문장은 기본적으로 '주어+술어'로 이루어져 있는데, 영어와 달리 중국어에서는 동사 외에 형용사도 술어가 될 수 있습니다.

주어	말하고자 하는 대상, 어떤 행동을 하거나 어떤 상태에 처해 있는 주체	我很好。 [Wǒ hěn hǎo.] 나는 잘 지내요.
서술어 (동사, 형용사)	주어의 상태, 동작, 성질을 나타내는 말	我很好。 [Wǒ hěn hǎo.] 나는 잘 지내요.
목적어	한국어에서 '~을/를'과 같은 조사가 붙는 말	我学汉语。 [Wǒ xué Hànyǔ.] 나는 중국어를 배워요.

3 문장의 종류

평서문	마침표(。)로 끝나는 문장	我很好。 [Wǒ hěn hǎo.] 나는 잘 지내요.
부정문	'아니다'라는 뜻을 갖는 不[bù]나 没[méi]가 들어간 문장	我不好。 [Wǒ bù hǎo.] 나는 잘 못 지내요.
의문문	물음표(?)로 끝나는 문장으로, 내용을 확인하거나 정보를 얻기 위해 물어보는 문장	你好吗? [Nǐ hǎo ma?] 잘 지내시죠?

17쪽 정답

1. Mā mà. 妈骂。 **2.** Mǎ mà. 马骂。 **3.** Mā mà mǎ. 妈骂马。 **4.** Mǎ mà mā. 马骂妈。

인사말과 숫자 맛보기

1 기본적인 인사말

 00-4. mp3

谢谢! [Xièxie!: 시에시에] 고마워요!

不客气! [Bú kèqi!: 부 커치] 별말씀을요!

对不起! [Duìbuqǐ!: 뚜이부치] 미안해요!

没关系! [Méi guānxi!: 메이 꽌시] 괜찮아요!

再见! [Zàijiàn!: 짜이지엔] 잘 가요!

再见! [Zàijiàn!: 짜이지엔] 잘 가요!

你吃饭了吗? [Nǐ chī fàn le ma?: 니 츠 판 러 마] 밥 먹었어요?

吃了。[Chī le.: 츠 러] 먹었어요.

你去哪儿? [Nǐ qù nǎr?: 니 취 날] 어디 가세요?

我去医院。[Wǒ qù yīyuàn.: 워 취 이위엔] 병원에 가요.

恭喜恭喜! [Gōngxǐ gōngxǐ!: 꽁시 꽁시] 축하해요!

恭喜发财! [Gōngxǐ fācái!: 꽁시 파차이] 돈 많이 버세요!

一路顺风! [Yílù shùnfēng!: 이루 슌펑] 여행 잘 다녀오세요!

본격적으로 중국어를 공부하기에 앞서 간단한 인사말과 숫자를 배워봅시다.

2 숫자 읽기

🎧 00-5. mp3

一 [yī: 이] 일, 1	二 [èr: 얼] 이, 2	三 [sān: 싼] 삼, 3
四 [sì: 쓰] 사, 4	五 [wǔ: 우] 오, 5	六 [liù: 리우] 육, 6
七 [qī: 치] 칠, 7	八 [bā: 빠] 팔, 8	九 [jiǔ: 지우] 구, 9
十 [shí: 스] 십, 10	十一 [shíyī: 스이] 십일, 11	十二 [shí'èr: 스얼] 십이, 12

2

공부 시작하기

01 ~ 20

▶ [____]好!

니 하오
- **你好!**
  Nǐ hǎo!

라오 스 하오
- **老师好!**
  Lǎoshī hǎo!

따 지아 하오
- **大家好!**
  Dàjiā hǎo!

자오 샹 하오
- **早上好!**
  Zǎoshang hǎo!

말하기 공식

인사할 대상·시간 + 好!

__________ 안녕하세요!

好[하오]는 여러 가지 뜻이 있는데, 인사할 때에는 '안녕하다'라는 뜻입니다. 好 앞에 인사할 대상을 넣으면 인사말이 됩니다. '당신, 너'란 뜻의 단어 你를 앞에 넣어 你好![니 하오]라고 하여 상대방에게 "(당신) 안녕하세요!"라고 인사할 수 있지요. 早上好![자오샹 하오]처럼 好 앞에 인사하는 시간을 써서 말할 수도 있습니다.

안녕하세요!

인사를 나눠봅시다.

안녕하세요!

선생님, 안녕하세요!

여러분, 안녕하세요!

안녕하세요! (아침 인사)

새로 나온 단어

你 [nǐ : 니] 너, 당신
好 [hǎo : 하오] 안녕하다
老师 [lǎoshī : 라오스] 선생님
大家 [dàjiā : 따지아] 모두, 다들
早上 [zǎoshang : 자오샹] 아침

老师[라오스]는 한자로 풀면 '나이 든 스승'이지만, 나보다 어려도 상관없이 쓸 수 있어요!

알아두기

■ **중국어 할 땐 남녀노소 평등하게**

중국어에는 존칭이 따로 없습니다. 그래서 어린아이도 어른에게 你好![니 하오]라고 인사하고, 어른도 꼬마에게 你好!라고 인사합니다. 참고로 你好!의 성조는 '3성+3성'이지만, 3성이 연달아 오면 발음하기 힘들기 때문에 앞의 3성을 2성으로 발음합니다.

■ **중국어에도 존칭어가 있다**

중국어는 존칭어가 별로 없지만, 특별히 존경을 표하고 싶은 상대에게는 你의 존칭인 您[nín: 닌]을 쓸 수 있습니다. 그렇다고 해서 你를 어른에게 쓸 수 없는 것은 아닙니다.

형용사 술어문

설명을 잘 읽어보세요. 🎧 01-2. mp3

대상/시간	형용사 술어❶
你	好!
당신은	안녕하세요!

❶ **형용사 술어**
영어에서는 주어와 형용사 사이에 am, are, is 같은 연결 동사가 필요하지만, 중국어에서는 연결 동사 없이 형용사가 바로 옵니다. 이런 경우에 이 형용사를 '형용사 술어'라고 부릅니다.

你[니]는 '너, 당신'이고, 好[하오]는 '안녕하다', '좋다'라는 뜻이니까 합치면 '(당신은) 안녕하세요!'가 됩니다. 好는 사람이나 사물의 상태가 어떠하다는 것을 나타내는 형용사입니다. 인사를 들은 상대방도 똑같이 你好!라고 인사할 수 있습니다.

你们好!
[Nǐmen hǎo! 니먼 하오]
여러분, 안녕하세요!

晚上好!
[Wǎnshang hǎo! 완샹 하오]
안녕하세요! (저녁 인사)

확인하기

✓ 다음 중 인사할 대상을 나타내는 단어를 <u>모두</u> 고르세요.

你 [nǐ]   好 [hǎo]   老师 [lǎoshī]   早上 [zǎoshang]   大家 [dàjiā]

해설 好[하오]는 '안녕하다'라는 뜻의 형용사로, 앞에 인사를 건넬 대상을 쓰면 인사말이 됩니다. 早上[자오샹]도 好 앞에 쓰면 인사말이 되지만, '아침'이라는 시간을 나타냅니다. 따라서 각각 '너', '선생님', '여러분'을 뜻하는 你, 老师, 大家가 정답입니다.

정답 你, 老师, 大家

빈칸에 단어를 넣어 말해보세요.　🎧 01-3. mp3

你好!
Nǐ hǎo!
(당신) 안녕하세요!

爸爸
[bàba : 빠바]
__________ 好!
(아빠) 안녕하세요!

妈妈
[māma : 마마]
__________ 好!
(엄마) 안녕하세요!

哥哥❶
[gēge : 끄어그어]
__________ 好!
(오빠, 형) 안녕하세요!

姐姐❶
[jiějie : 지에지에]
__________ 好!
(언니, 누나) 안녕하세요!

❶ 哥哥와 姐姐
우리말에서는 '오빠'와 '형', '언니'와 '누나'처럼 부르는 사람의 성별에 따라 호칭이 나뉘지만, 중국어에서는 그렇지 않아요. 哥哥는 '오빠'이자 '형'이며, 姐姐는 '언니'이자 '누나'랍니다.

가족 호칭은 똑같은 글자가 중첩된 단어가 많습니다. 이러한 단어의 두 번째 음절은 경성으로 발음합니다.

📍 **단어 더하기**

■ 가족 호칭　🎧 01-4. mp3

爸爸 [bàba : 빠바] 아빠　　**妈妈** [māma : 마마] 엄마

哥哥 [gēge : 끄어그어] 오빠, 형　　**姐姐** [jiějie : 지에지에] 언니, 누나

弟弟 [dìdi : 띠디] 남동생　　**妹妹** [mèimei : 메이메이] 여동생

叔叔 [shūshu : 슈슈] 삼촌, 아저씨　　**阿姨** [āyí : 아이] 이모, 아주머니

기본 성조

다음 발음을 듣고 따라해보세요. 🎧 01-5. mp3

❶ 성조 표시
성조(음의 높낮이) 표시는 모음(운모) 위에 해요.

성조는 음의 높낮이를 말합니다. 표준 중국어에는 4개의 성조가 있는데, 발음이 같아도 성조가 다르면 뜻이 달라집니다.

1성

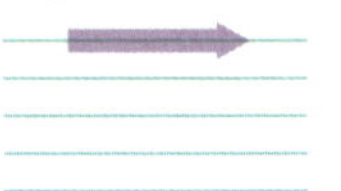 ā❶ '솔' 음에 해당합니다. 〈산토끼〉 동요의 첫음인 '산–'을 떠올려보세요.

2성

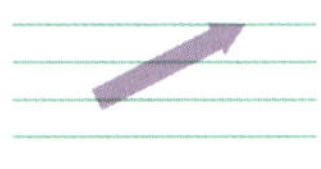  á 방금 들은 얘기를 되물어볼 때처럼, "네?" 하고 끝을 확 올려 발음하세요.

3성

  ǎ 뭔가를 깨달은 것처럼, "아〜!"하고 낮게 내렸다가 끝을 살짝 올려보세요.

4성

 à 화가 났을 때처럼 "야!"하고 끝을 확 내리꽂아 주세요.

✓ 발음을 듣고 성조를 표시해보세요.

[ ]	[ ]	[ ]	[ ]
(1) ni	(2) ta	(3) da	(4) ye

해설 (1) nǐ, (2) tā, (3) dà, (4) yé로, 각각 3성, 1성, 4성, 2성입니다.

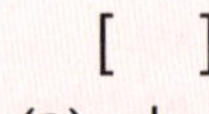

정답 (1) ˇ (2) ― (3) ˋ (4) ˊ

경성 결합 단어

다음 발음을 듣고 따라해보세요. 🎧 01-6. mp3

❶ 단어 알기
māma 妈妈
yéye 爷爷
nǎinai 奶奶
bàba 爸爸

중국어에는 사성 외에도 짧고 가볍게 발음하는 '경성'이 있습니다. 경성은 운모 위에 하는 성조 표기가 없고, 음의 높낮이는 앞 성조의 영향을 받지요. 그래서 같은 경성이라도 앞에 어떤 성조가 오느냐에 따라 다르게 발음합니다.

1성 + 경성

māma❶ [마마] 엄마

2성 + 경성

yéye [이에이에] 할아버지

3성 + 경성
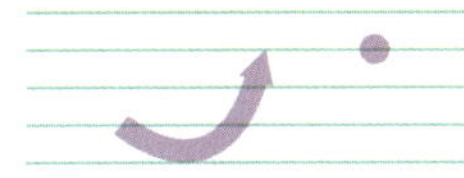
nǎinai [나이나이] 할머니

4성 + 경성
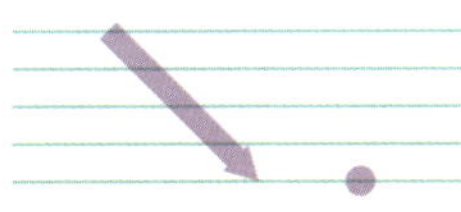
bàba [빠바] 아빠

확인하기

✔ 발음을 듣고 '3성 + 경성'이 <u>아닌</u> 발음을 고르세요.

(1)	(2)	(3)	(4)

해설 (1) shǒujī, (2) zǎoshang, (3) nǎinai, (4) jiějie로, (1)은 '셔우지'의 '지' 부분 발음이 분명하지요. '3성+1성' 발음입니다.

정답 (1)

▶ 정답과 해설은 208쪽에 있습니다.

1 다음 단어에 맞는 발음을 <u>고르고</u> 읽어보세요.

(1) 晚上

☐ wǎnshang
☐ wǎnzhang
☐ wǎnchang

(2) 你们

☐ nǐměn
☐ nǐmen
☐ nǐmēn

(3) 爸爸

☐ bàba
☐ bāba
☐ bába

2 병음(발음기호)과 중국어를 바르게 연결하세요.

(1) nǐ　　　　·　　　　　　　　· 好

(2) hǎo　　　·　　　　　　　　· 你

(3) dàjiā　　·　　　　　　　　· 大家

(4) zǎoshang　·　　　　　　· 早上

3 아래 문장에 공통으로 들어갈 단어와 병음을 [보기]에서 골라 쓰세요.

[보기]	好[hǎo]	妈妈[māma]	你[nǐ]

老师 ☐ ! 　선생님, 안녕하세요!

Lǎoshī _______ !

你们 ☐ ! 　여러분, 안녕하세요!

Nǐmen _______ !

早上 ☐ ! 　안녕하세요! (아침 인사)

Zǎoshang _______ !

4 다음 빈칸에 들어갈 알맞은 중국어를 쓰세요.

lǎo
(1) ☐ 师好!

jie
(2) 姐 ☐ 好!

ge
(3) 哥 ☐ 好!

한국 한자와 중국 한자 上

중국어에는 번체자와 간체자가 있습니다. 대만이나 우리나라에서 쓰는 한자와 같은 것을 번체자, 중국 본토에서 쓰는 한자를 간체자라고 합니다. 간체자는 번체자를 간략하게 만든 글자입니다. 모든 글자의 획수를 다 줄인 것은 아니고 총 2,000여 개 정도만 간체자로 만들어졌습니다. 따라서 중국어에는 우리나라에서 쓰는 한자와 같은 것도 많습니다. 이제 번체자와 간체자를 비교해볼까요?

동물

번체자	龍 용 룡	馬 말 마	鳥 새 조	鷄 닭 계	魚 물고기 어
간체자	龙 lóng 용	马 mǎ 말	鸟 niǎo 새	鸡 jī 닭	鱼 yú 물고기

동사

번체자	見 볼 견	來 올 래	說 말씀 설	聽 들을 청	學 배울 학	寫 베낄 사
간체자	见 jiàn 만나다	来 lái 오다	说 shuō 말하다	听 tīng 듣다	学 xué 배우다	写 xiě 쓰다

你好吗?

▶ [＿＿＿]好吗?

🎧 02-1. mp3

니 하오 마
你好吗?
Nǐ hǎo ma?

타 하오 마
他好吗?
Tā hǎo ma?

라오스 하오 마
老师好吗?
Lǎoshī hǎo ma?

타 이에 하오 마
她也好吗?
Tā yě hǎo ma?

인사할 대상 + 好吗?

＿＿＿＿＿＿는 잘 지내세요?

상대방에게 묻는 문장 형태를 의문문이라고 합니다. 중국어에서 의문문을 만들 때는 문장 끝에 吗[마]만 붙이면 됩니다. 그래서 1과에서 배웠던 인사말 你好![니 하오]에 吗를 붙여 你好吗?[니 하오 마]라고 하면 "(당신) 잘 지내세요?", "안녕하세요?"라는 뜻이 돼요. 你[니]는 '당신', '너'란 뜻이었지요. 이 자리에 인사할 대상을 바꾸어 말하면 됩니다. 也[이에]는 '또한', '역시'라는 뜻입니다.

잘 지내세요?

의문문을 사용해 안부를 물어봅시다.

잘 지내세요?

그분은 잘 지내세요?

선생님은 잘 지내세요?

그녀도 잘 지내세요?

새로 나온 단어

吗 [ma : 마] ~세요?
(의문문을 만드는 조사)
他 [tā : 타] 그(남자)
她 [tā : 타] 그(여자)
也 [yě : 이에] ~도(또한)

他[타]와 她[타]는 발음이 같은데, 왼쪽 변이 亻(사람 인)이면 남자, 女(여자 녀)면 여자를 가리키는 말이 됩니다.

알아두기

■ **你好吗?**는 서로 아는 사이에서

1과에서 누구에게나 할 수 있는 인사인 你好![니 하오]를 배웠죠? 你好吗?[니 하오 마]는 "잘 지내세요?"라는 안부 인사이기 때문에, 서로 아는 사이에서만 쓸 수 있답니다.

■ **你好吗?**에 대한 대답은 **我很好。**

한국어로도 "잘 지내세요?"라고 물으면 "네, 잘 지내요"라고 대답하죠? 중국어로 이에 해당하는 말은 我很好。[Wǒ hěn hǎo. 워 헌 하오]입니다.

문법 익히기   의문문에는 吗

설명을 잘 읽어보세요. 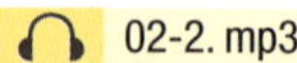 02-2. mp3

대상	형용사 술어	의문 조사
你	好	吗?
당신은	잘 지내다	~세요?

"(당신은) 잘 지내세요?"라는 뜻인 你好吗?는 你[니: 너, 당신]+好[하오: 안녕하다, 잘 지내다]+吗[마: ~세요?]의 형태지요. 이렇게 중국어에서는 문장 끝에 의문문을 만드는 조사❶ 吗[마]만 붙이면 의문문이 됩니다.

女儿好吗?
[Nǚ'ér hǎo ma? 뉘얼 하오 마]
딸은 잘 지내요?

儿子好吗?
[Érzi hǎo ma? 얼즈 하오 마]
아들은 잘 지내요?

❶ 조사
중국어 조사 중에서 吗처럼 문장 끝에 붙어 말하는 사람의 의도나 기분을 나타내는 조사를 어기 조사라고 합니다.

확인하기

다음 중 의문문으로 물어볼 때 쓰는 단어를 고르세요.

你 [nǐ]   好 [hǎo]   吗 [ma]   她 [tā]

해설 你[니]는 '너, 당신', 她[타]는 '그녀'라는 뜻의 인칭대명사입니다. 好[하오]는 '안녕하다'라는 뜻의 형용사입니다. 의문을 나타내는 단어는 吗[마]로, 문장 끝에 붙이면 의문문이 됩니다.

정답 吗

빈칸에 단어를 넣어 말해보세요.  02-3. mp3

你好吗?
Nǐ hǎo ma?
(당신은) 잘 지내세요?

奶奶
[nǎinai : 나이나이]

__________ 好吗?

(할머니께선) 잘 지내세요?

爷爷
[yéye : 이에이에]

__________ 好吗?

(할아버지께선) 잘 지내세요?

丈夫
[zhàngfu : 짱푸]

__________ 好吗?

(남편은) 잘 지내세요?

妻子
[qīzi : 치즈]

__________ 好吗?

(아내는) 잘 지내세요?

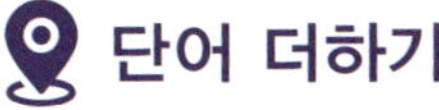 단어 더하기

■ 가족 호칭  02-4. mp3

奶奶 [nǎinai : 나이나이] 할머니　　爷爷 [yéye : 이에이에] 할아버지

丈夫 [zhàngfu : 짱푸] 남편　　妻子 [qīzi : 치즈] 아내

老大 [lǎodà : 라오따] 첫째　　老二 [lǎo'èr : 라오얼] 둘째

老三 [lǎosān : 라오싼] 셋째　　老幺 [lǎoyāo : 라오야오] 막내

여섯 가지 기본 운모

다음 발음을 듣고 따라해보세요. 🎧 02-5. mp3

a o e i u ü

들려드린 소리는 모두 1성입니다.❶

a는 [아]라고 발음합니다.

o는 [오어]라고 발음하는데, 처음에 [오]라고 발음하다가 [어]로 끝납니다.

e는 영어와 다른 발음으로, [으어]라고 발음합니다.❷

i는 [이]라고 발음합니다.

u는 [우]라고 발음합니다.

ü는 [위]라고 발음하는데, 발음이 끝날 때까지 입 모양을 둥글게 유지해야 합니다.❷

❶ 1성
녹음에서 들은 음의 높이는 '솔'로, 높고 평평한 음이었지요? 앞에서 배운 중국어 성조 4개 중에서 1성에 해당합니다.

❷ e와 ü
e는 영어의 e와 다른 발음이고, ü는 영어에는 없는 발음이므로 영어 발음과 혼동하지 않도록 특히 주의하세요.

확인하기

☑ 발음을 듣고 운모가 <u>다른</u> 것을 하나 고르세요.

(1)　　　　(2)　　　　(3)　　　　(4)

해설 (1) tā, (2) gē, (3) lā, (4) pà로, (2)만 운모가 e[으어]고, 나머지는 모두 a[아]입니다.

정답 (2)

성조를 표기하는 방법

❶ 성모와 운모
우리말의 자음에 해당하는 것을 성모, 모음에 해당하는 것을 운모라고 합니다. n이 성모, i가 운모지요. 성조는 운모 위에 표시합니다.

nǐ   hǎo   mèi   huí

음의 높낮이인 성조는 운모에 표시합니다.❶

nǐ

운모가 둘 이상이면 입이 벌어지는 크기에 따라 다음 순서대로 표시합니다.

a > o, e > i, u, ü

따라서, a가 있을 때는 무조건 a에 성조를 표시합니다. e와 i가 같이 나올 때는 e에 성조를 표시합니다.

hǎo   mèi

i와 u가 같이 나올 때는 무조건 뒤에 있는 발음에 표시합니다.

huí   liǔ

확인하기

✓ 발음을 듣고 성조를 표시해보세요.

[　]	[　]	[　]	[　]
(1) hao	(2) lao	(3) liu	(4) xiang

해설 (1) hǎo, (2) lǎo, (3) liù, (4) xiāng으로, 각각 3성, 3성, 4성, 1성입니다. 성조는 운모에 표기하는데 liu는 운모 i와 u가 같이 나오므로, 뒤에 있는 u에 성조를 표기합니다. xiang도 운모가 2개 나오는데 순서에 따라 무조건 a에 먼저 성조를 표기합니다.

정답 (1) ˇ (2) ˇ (3) ˋ (4) ˉ

▶ 정답과 해설은 209쪽에 있습니다.

1 다음 단어에 맞는 발음을 고르고 읽어보세요.

(1) 她

☐ tǎ
☐ tā
☐ tà

(2) 儿子

☐ ěrzi
☐ ērzi
☐ érzi

(3) 奶奶

☐ nǎinai
☐ nāinai
☐ náinai

2 병음과 중국어를 바르게 연결하세요.

(1) ma ·　　　　　　　　　· 我

(2) tā ·　　　　　　　　　· 也

(3) yě ·　　　　　　　　　· 他

(4) wǒ ·　　　　　　　　　· 吗

3 아래 문장에 공통으로 들어갈 단어와 병음을 [보기]에서 골라 쓰세요.

[보기]	也[yě]	吗[ma]	老师[lǎoshī]

你好 ☐ ?　잘 지내세요?

Nǐ hǎo ______ ?

儿子好 ☐ ?　아들은 잘 지내요?

Érzi hǎo ______ ?

老师好 ☐ ?　선생님은 잘 지내세요?

Lǎoshī hǎo ______ ?

也

① 她 ② 好 ③ 吗 ④ ?

한국 한자와 중국 한자 ㊦

앞서 우리나라에서 쓰는 한자인 번체자, 중국에서 쓰는 한자인 간체자가 있다고 했었는데요, 중국에서 간체자를 만든 것은 1964년부터라고 합니다. 한자가 너무 복잡하고 어려워 사람들이 글을 쉽게 쓰지 못했기 때문에 이러한 현실을 개선하고자 중국의 문자개혁위원회와 문화부, 교육부가 협력하여 간체자를 제정했지요. 아래에는 사물이나 장소를 나타내는 단어의 번체자와 간체자를 비교해봤습니다.

사물 및 기타

번체자	門 문 문	車 수레 차	錢 돈 전	詞 말씀 사	飯 밥 반	電話 전기 전, 말씀 화
간체자	门 mén 문	车 chē 차	钱 qián 돈	词 cí 단어	饭 fàn 밥	电话 diànhuà 전화

나라 및 장소

번체자	中國 중국	韓國 한국	公園 공원	醫院 의원	圖書館 도서관
간체자	中国 Zhōngguó 중국	韩国 Hánguó 한국	公园 gōngyuán 공원	医院 yīyuàn 병원	图书馆 túshūguǎn 도서관

03 我很忙。

🎧 03-1. mp3

워 헌 망
- **我很忙。**
  Wǒ hěn máng.

워 헌 하오
○ **我很好。**
  Wǒ hěn hǎo.

워 헌 으어
- **我很饿。**
  Wǒ hěn è.

워 헌 까오 싱
○ **我很高兴。**
  Wǒ hěn gāoxìng.

말하기 공식

我很 + 상태·감정 。

나는 ________ 합니다.

'나는 ~하다'라고 자신의 상태나 감정을 표현할 때는 1과에서 배운 공식대로 '주어+형용사 술어'로 표현하면 됩니다. 我[워] 다음에 '바쁘다', '배고프다', '기쁘다' 같은 말을 붙이면 돼요. 이런 말 앞에는 꼭 很[헌]을 붙이는데, 很[헌]은 '매우, 아주'라는 뜻이지만 굳이 해석하지 않습니다. 한국어에서도 "물 좀 주세요" 할 때 습관적으로 '좀'을 붙이는 것처럼, 很[헌]도 딱히 의미가 있는 건 아니지만 빠지면 허전하지요.

나는 바빠요.

자신의 상태와 감정을 말해봅시다.

나는 바빠요.

나는 잘 지내요.

나는 배고파요.

나는 기뻐요.

새로 나온 단어

我 [wǒ : 워] 나
很 [hěn : 헌] 매우, 아주
忙 [máng : 망] 바쁘다
饿 [è : 으어] 배고프다
高兴 [gāoxìng : 까오싱] 기쁘다

餓(주릴 아)를 중국에서는 饿라고 쓰고 [으어]라고 읽습니다. 왼쪽에 먹을 식 변(饣)이 붙어서 먹는 것과 관련이 있어요.

알아두기

■ **很**은 '아주'가 아니어도 습관적으로 붙여요

사람이나 사물의 상태를 나타내는 말을 형용사라고 하는데, 중국어에서 형용사 앞에는 습관적으로 부사 很[헌]을 붙입니다. 엄청 바쁜 게 아니라 조금 바쁜 정도라도 很忙[헌 망]이라고 하고, 그럭저럭 잘 지내도 很好[헌 하오]라고 합니다.

의미 없이 붙이는 很

🎧 03-2. mp3

주어	부사	형용사 술어
我	很	忙。
나는	매우	바쁘다

很[헌]은 '매우, 아주'라는 뜻이지만, 중국 사람들은 '아주 ~하다'라는 뜻이 아니어도 습관적으로 很을 붙여 말합니다. ❶ 하지만 상대방에게 묻는 의문문이나 '~가 아니다'라고 말하는 부정문에서는 很을 빼고 말해야 합니다. 즉, "당신은 바쁜가요?"라고 물어볼 때는 你很忙吗?[니 헌 망 마]가 아니라, 你忙吗?[니 망 마]라고 묻습니다.

我很饱。
[Wǒ hěn bǎo. 워 헌 바오]
나는 배불러요.

我很疼。
[Wǒ hěn téng. 워 헌 텅]
나는 아파요.

❶ 很
형용사 술어문에서 很을 빼면 속 없는 찐빵과 같이 허전한 느낌이 드니 꼭 넣어서 말하는 습관을 들이세요.

✅ 다음 문장을 더 자연스러운 문장으로 고쳐보세요.

(1) **我忙。** [Wǒ máng.] 나는 바빠요.　　　(2) **我疼。** [Wǒ téng.] 나는 아파요.

해설 '~합니다'로 끝나는 문장에는 형용사 술어 앞에 很[헌]을 습관적으로 붙입니다.

정답 (1) 我很忙。(2) 我很疼。

상태와 감정

빈칸에 단어를 넣어 말해보세요.　🎧 03-3. mp3

我很忙。
Wǒ hěn máng.
나는 바빠요.

累
[lèi : 레이]
我很 ＿＿＿＿＿＿。
나는 피곤해요.

渴❶
[kě : 크어]
我很 ＿＿＿＿＿＿。
나는 목이 말라요.

困
[kùn : 쿤]
我很 ＿＿＿＿＿＿。
나는 졸려요.

舒服
[shūfu : 슈푸]
我很 ＿＿＿＿＿＿。
나는 편안해요.

❶ 渴

渴[크어]는 '목마르다'라는 의미입니다. 왼쪽 삼수변이 입 구(口) 변으로 바뀌면, 喝[hē : 흐어] '마시다'라는 뜻이 됩니다.

특별한 날에 "○○ 즐겁게 보내!"라고 할 때는 ○○快乐! [콰일러]라고 합니다. "주말 즐겁게 보내!"는 周末快乐! [쩌우모 콰일러], "생일 즐겁게 보내!"는 生日快乐! [셩르 콰일러]라고 하지요.

📍 단어 더하기

■ 상태와 감정　🎧 03-4. mp3

累 [lèi : 레이] 피곤하다
困 [kùn : 쿤] 졸리다
开心 [kāixīn : 카이신] 기쁘다
幸福 [xìngfú : 싱푸] 행복하다

渴 [kě : 크어] 목마르다
舒服 [shūfu : 슈푸] 편안하다
快乐 [kuàilè : 콰일러] 즐겁다
满意 [mǎnyì : 만이] 만족스럽다

성모 b / p / m / f

다음 발음을 듣고 따라해보세요.　🎧 03-5. mp3

bo　po　mo　fo

국어에서 성모 b, p, m, f…는 한글의 ㅂ, ㅍ, ㅁ, ㅍ…과 같은 자음에 해당합니다. 성모는 총 21개가 있습니다. 앞으로 3과부터 8과까지 각 단원의 발음 익히기에서 배워보겠습니다.

위의 4개 성모는 운모 o[오어]와 같이 붙여 발음해봤습니다.❶

b는 입술을 떼면서 내는 소리입니다.
p는 입술을 떼면서 공기도 밖으로 나가는 소리입니다.
m 역시 입술 소리인데 콧속에 공기의 느낌이 납니다.
f는 영어의 /f/처럼 아랫입술에 윗니를 가볍게 대고 공기를 내보내며 내는 소리입니다.❷

---

❶ 성모 발음하기
한국어도 ㄱ, ㄴ, ㄷ, ㄹ 같은 자음만으로는 발음을 할 수 없죠? 그래서 중국어도 성모에 각각 어울리는 운모(모음)를 붙여서 발음합니다.

❷ f 발음하기
중국어의 f는 강하게 발음한다는 점에 주의하세요.

확인하기

✓ **녹음을 듣고 알맞은 발음을 골라보세요.**

(1) bo	(2) po	(3) mo	(4) fo

해설 [프]와 [흐]의 중간 소리가 나면서 입술에서 공기가 빠지는 소리가 나니까 f 소리입니다.

정답 (4)

44

1성 결합 발음

❶ 단어 알기
Tā hē. 他喝。
Tā lái. 他来。
Tā mǎi. 他买。
Tā mài. 他卖。
māma 妈妈

1성과 1성, 2성, 3성, 4성, 경성 글자가 결합한 단어를 통해 성조를 연습해 봅니다.

1성 + 1성	māmā	Tā hē❶. 그는 마신다.
1성 + 2성	māmá	Tā lái. 그가 온다.
1성 + 3성	māmǎ	Tā mǎi. 그는 산다.
1성 + 4성	māmà	Tā mài. 그는 판다.
1성 + 경성	māma	māma 엄마

확인하기

✓ 발음을 듣고 두 음절의 성조가 <u>다른</u> 것을 고르세요.

(1)　　　　(2)　　　　(3)　　　　(4)

해설 (1) jīntiān, (2) xīngqī, (3) kāixīn, (4) Zhōngguó로, (4)만 '1성+2성'이고 나머지는 모두 '1성+1성' 발음입니다.

정답 (4)

▶ 정답과 해설은 210쪽에 있습니다.

1 다음 단어에 맞는 발음을 고르고 읽어보세요.

(1) 我　　　　　　　(2) 疼　　　　　　　(3) 累

☐ yǔ　　　　　　☐ tēng　　　　　　☐ rèi

☐ wǒ　　　　　　☐ téng　　　　　　☐ nèi

☐ wò　　　　　　☐ tèng　　　　　　☐ lèi

2 병음과 중국어를 바르게 연결하세요.

(1) hěn　　·　　　　　　　　　·　很

(2) máng　·　　　　　　　　　·　饿

(3) è　　　·　　　　　　　　　·　忙

(4) gāoxìng　·　　　　　　　　·　高兴

3 아래 문장에 공통으로 들어갈 단어와 병음을 [보기]에서 골라 쓰세요.

[보기]	很[hěn]	吗[ma]	他[tā]

我 ☐ 好。 나는 잘 지내요.

Wǒ ______ hǎo.

我 ☐ 舒服。 나는 편안해요.

Wǒ ______ shūfu.

我 ☐ 忙。 나는 바빠요.

Wǒ ______ máng.

4 다음 빈칸에 들어갈 부수를 [보기]에서 골라 쓰세요.

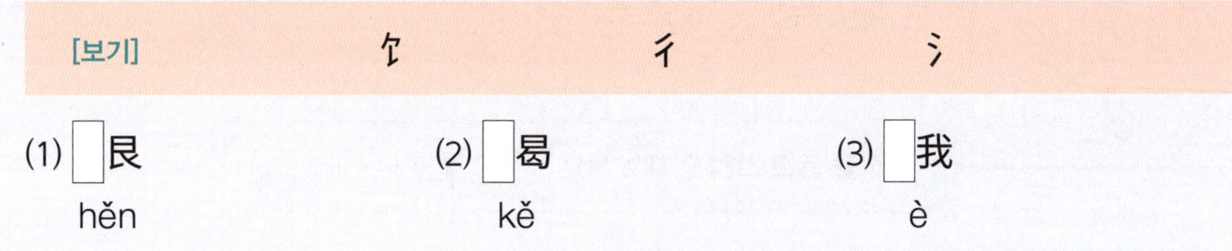

(1) ☐艮
hěn

(2) ☐曷
kě

(3) ☐我
è

외래어는 어떻게 표기할까 上 : 소리

중국에서는 외래어를 그대로 받아들이지 않고 자기들만의 방법으로 바꾸어 사용합니다. 외래어를 표기하는 방법에는 몇 가지가 있는데, 먼저 음을 비슷하게 표기하는 방법으로 만든 외래어를 살펴보겠습니다. 이때 글자는 뜻과 상관없이 소리만 가져다 쓴 것이랍니다.

커피	–	**咖啡** [kāfēi : 카페이]
콜라	–	**可乐** [kělè : 크어러]
초콜릿	–	**巧克力** [qiǎokèlì : 치아오커리]
카드	–	**卡** [kǎ : 카]
맥도날드	–	**麦当劳** [Màidāngláo : 마이땅라오]
스페인	–	**西班牙** [Xībānyá : 시빤야]
싱가포르	–	**新加坡** [Xīnjiāpō : 신지아포]

익숙한 맥도날드 심볼이 보이지요?

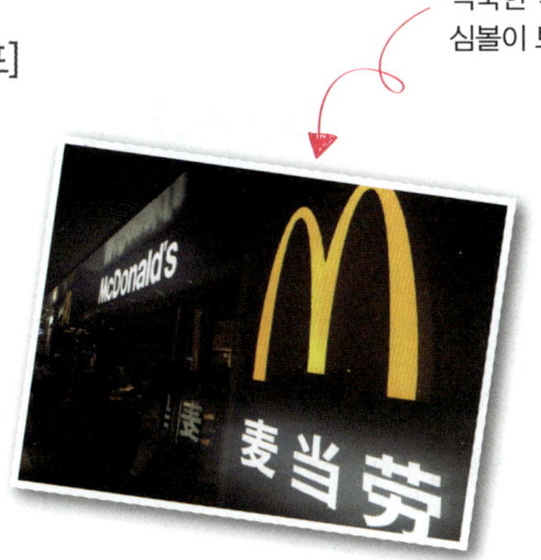

他不矮。

▶ 他/她不 ⬚ 。

타 뿌 아이
● **他不矮。**
Tā bù ǎi.

타 부 슈아이
○ **他不帅。**
Tā bú shuài.

타 부 팡
● **她不胖。**
Tā bú pàng.

타 뿌 총 밍
○ **她不聪明。**
Tā bù cōngming.

他/她 + 不 + 외모·특징 。

그는/그녀는 ＿＿＿＿ 하지 않아요.

'~는 ~하지 않다'라고 부정문으로 말하고 싶으면 술어('~하다'의 뜻을 나타내는 동사 또는 형용사) 앞에 不[뿌]만 붙이면 됩니다. 나 혹은 당신이 아닌 3인칭 他[타: 그 남자]/她[타: 그 여자]를 주어로 써서 다른 사람의 외모나 상태를 나타내보세요.

그는 키가 작지 않아요.

부정문을 사용해 다른 사람의 외모와 특징을 말해봅시다.

그는 키가 작지 않아요.

그는 잘생기지 않았어요.

그녀는 뚱뚱하지 않아요.

그녀는 똑똑하지 않아요.

새로 나온 단어

不 [bù : 뿌] ~하지 않다
矮 [ǎi : 아이] (키가) 작다
帅 [shuài : 슈아이] 잘생기다
胖 [pàng : 팡] 뚱뚱하다
聪明 [cōngming : 총밍] 똑똑하다, 현명하다

왼쪽 부수가 '달 월(月)'일 때는 '달'이 아니라 '고기 육(肉)' 자가 변형된 것이에요. 신체 부위와 관련된 한자에 쓰입니다. 배 복(腹), 간 간(肝), 허파 폐(肺) 등이 있어요.

알아두기

■ 不는 4성도 되고 2성도 돼요

'~가 아니다'라는 뜻의 不[뿌]는 뒤에 오는 단어에 따라 성조(음의 높낮이)가 바뀝니다. 不의 원래 성조는 아래로 내리꽂는 4성입니다. 하지만, 뒤에 또 4성이 오면 이 不의 성조를 '네?' 할 때처럼 끝을 올리는 2성으로 바꿔서 말합니다. 2성으로 발음할 때는 [뿌]가 아니라 [부]로 부드럽게 올려서 발음합니다. 이때 성조도 2성으로 바꿔서 표시합니다. 19과 발음 익히기(174~175쪽)를 참고하세요.

부정문에는 不

설명을 잘 읽어보세요. 🎧 04-2. mp3

주어	부사	형용사 술어
他	不	矮。
그는	~하지 않다	키가 작다

중국어에서 '~하지 않다', '~가 아니다'라고 부정문을 만드는 방법은 의문문❶ 만드는 방법만큼이나 간단합니다. '~하다'라는 뜻을 나타내는 술어 앞에 不[뿌]만 붙이면 부정문이 됩니다. '그는 키가 작다'는 他很矮。[Tā hěn ǎi.]라고 하지만, '그는 키가 작지 않다'는 他不矮。[Tā bù ǎi.]가 되지요.

❶ 의문문에는 吗
중국어에서 의문문을 만들 때에는 문장 끝에 吗[마]를 붙입니다.

我很忙。
[Wǒ hěn máng. 워 헌 망]
나는 바빠요.

我不忙。
[Wǒ bù máng. 워 뿌 망]
나는 바쁘지 않아요.

확인하기

✅ '그는 바쁘지 않다'를 제대로 옮긴 문장을 고르세요.

(1) 他很忙。 [Tā hěn máng.]　　　(2) 他不忙。 [Tā bù máng.]
(3) 我不忙。 [Wǒ bù máng.]　　　(4) 你不忙。 [Nǐ bù máng.]

해설 他는 '그', 我는 '나', 你는 '당신'이라는 뜻이므로 주어가 맞는 보기는 (1)번과 (2)번입니다. '~하지 않다'라는 부정문은 술어 앞에 不를 붙여야 하므로 (2)번이 정답입니다.

정답 (2) 他不忙。

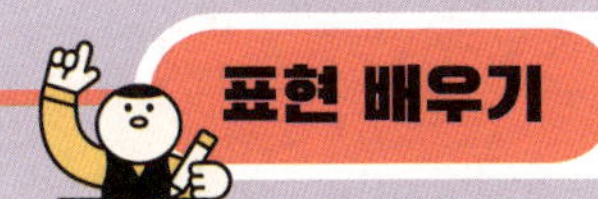

외모와 성격

빈칸에 단어를 넣어 말해보세요.   🎧 04-3. mp3

❶ 高
高는 '높이가 높다'라는 뜻도 있지만, '키가 크다' 라는 뜻도 있습니다.

他/她不矮。
Tā/Tā bù ǎi.
그/그녀는 키가 작지 않아요.

高 ❶
[gāo : 까오]
他不 __________ 。
그는 키가 크지 않아요.

漂亮
[piàoliang : 피아오량]
她不 __________ 。
그녀는 예쁘지 않아요.

热情
[rèqíng : 르어칭]
她不 __________ 。
그녀는 친절하지 않아요.

瘦
[shòu : 셔우]
他不 __________ 。
그는 마르지 않았어요.

好看[하오칸]은 영화나 책 내용이 '재미있다, 흥미진진 하다'라는 뜻도 있습니다.

📍 단어 더하기

■ 사람의 외모와 성격   🎧 04-4. mp3

高 [gāo : 까오] 키가 크다, 높다

漂亮 [piàoliang : 피아오량] 예쁘다

热情 [rèqíng : 르어칭] 친절하다

瘦 [shòu : 셔우] 마르다, 여위다

好看 [hǎokàn : 하오칸] 예쁘다, 보기 좋다

善良 [shànliáng : 샨량] 착하다

外向 [wàixiàng : 와이샹] 외향적이다

内向 [nèixiàng : 네이샹] 내성적이다

성모 d/t/n/l

🎧 04-5. mp3

de te ne le

이번에는 혀끝과 윗니의 뒤쪽에서 나는 발음입니다.

d는 혀끝을 윗니의 뒤쪽에 가볍게 대었다 떼면서 내는 소리입니다.

t는 혀끝을 윗니의 뒤쪽에 가볍게 대었다 떼면서, 공기도 밖으로 나가는 소리입니다.

n은 혀끝을 윗니의 뒤쪽에 가볍게 대었다 떼면서, 콧속에 공기의 느낌이 납니다.

l은 혀끝을 윗니의 뒤쪽에 가볍게 대었다 떼면서 내는 소리로, 영어의 [l]과 비슷한 소리입니다.

de는 [뜨어]로 발음하고, te는 [트어]로 발음합니다.❶

ne는 [느어]로, le는 [르어]로 발음합니다.

❶ 성모 발음하기

d, t, n, l와 어울리는 운모는 e[으어]입니다. e를 발음할 때에는 입을 약간만 벌려 [으]로 시작해 [어]로 소리 냅니다.

확인하기

✅ 녹음을 듣고 알맞은 발음을 골라보세요.

(1) de   (2) te   (3) ne   (4) le

해설 '(을)르어'와 같은 소리가 나므로 le입니다.

정답 (4)

2성 결합 발음

04-6. mp3

❶ 단어 알기
míngtiān 明天
Déguó 德国
cídiǎn 词典
fúwù 服务
yéye 爷爷

2성과 1성, 2성, 3성, 4성, 경성 글자가 결합한 단어를 통해 성조를 연습해 봅니다.

2성 + 1성	mámā	míngtiān❶ 내일
2성 + 2성	mámá	Déguó 독일
2성 + 3성	mámǎ	cídiǎn 사전
2성 + 4성	mámà	fúwù 서비스
2성 + 경성	máma	yéye 할아버지

확인하기

☑ 발음을 듣고 두 음절의 성조가 <u>다른</u> 것을 고르세요.

(1)	(2)	(3)	(4)

해설 (1) Hánguó, (2) Déguó, (3) yínháng, (4) Zhōngguó로, (4)만 '1성+2성'이고 나머지는 모두 '2성+2성' 발음입니다.

정답 (4)

▶ 정답과 해설은 212쪽에 있습니다.

1 다음 단어에 맞는 발음을 고르고 읽어보세요.

(1) 忙

☐ náng
☐ máng
☐ láng

(2) 高

☐ gāo
☐ gē
☐ gēi

(3) 瘦

☐ chòu
☐ zhòu
☐ shòu

2 병음과 중국어를 바르게 연결하세요.

(1) bù　·　　　　　·　矮

(2) ǎi　·　　　　　·　不

(3) shuài　·　　　　·　帅

(4) pàng　·　　　　·　胖

3 아래 문장 중 성조 표시가 잘못되어 있는 부분을 바르게 고쳐보세요.

(1) Tā bù shuài.　→ ＿＿＿＿＿＿＿＿＿＿＿ .

그는 잘생기지 않았어요.

(2) Tā bù shòu.　→ ＿＿＿＿＿＿＿＿＿＿＿ .

그녀는 마르지 않았어요.

(3) Tā bù piàoliang.　→ ＿＿＿＿＿＿＿＿＿＿＿ .

그녀는 예쁘지 않아요.

4 다음 제시된 단어의 반대말을 쓰세요.

(1) 矮 ↔ □   (2) □ ↔ 瘦   (3) 外向 ↔ □向
   ǎi   gāo   pàng shòu   wàixiàng nèixiàng

외래어는 어떻게 표기할까 中 : 뜻

중국어에서 외래어를 표기하는 방법에는 몇 가지가 있는데, 앞 과에서는 소리를 비슷하게 표기한 단어를 배웠지요. 이번에는 의미를 따져 표기한 외래어를 살펴보겠습니다.

메뉴   —   **菜单** [càidān : 차이딴]
       ▶ 음식 菜 + 목록 单

월드컵   —   **世界杯** [shìjièbēi : 스지에뻬이]
       ▶ 세계 世界 + 컵 杯

컴퓨터   —   **电脑** [diànnǎo : 띠엔나오]
       ▶ 전기 电 + 두뇌 脑

넥타이   —   **领带** [lǐngdài : 링따이]
       ▶ 목 领 + 띠 带

선글라스   —   **墨镜** [mòjìng : 모징]
       ▶ 검다 墨 + 안경 镜

스마트폰   —   **智能手机** [zhìnéng shǒujī : 쯔넝셔우지]
       ▶ 지능 智能 + 휴대폰 手机

음식 이름을
목록으로 만든 菜单

쩌 거 꾸이 부 꾸이
● **这个贵不贵?**
Zhè ge guì bu guì?

쩌 거 따 부 따
○ **这个大不大?**
Zhè ge dà bu dà?

쩌 거 뚜어 부 뚜어
● **这个多不多?**
Zhè ge duō bu duō?

나 거 콰이 부 콰이
○ **那个快不快?**
Nà ge kuài bu kuài?

말하기 공식

这个/那个 + 사물의 성질 **+ 不 +** 사물의 성질 **?**

이거/저거 ＿＿＿＿＿＿＿ 해요?

중국어에서 의문문을 만들고자 할 때에는 문장 끝에 吗[마]를 넣는다고 2과에서 배웠습니다. 의문문을 만드는 방법이 하나 더 있는데, 바로 술어(동사나 형용사)를 '긍정+부정?'으로 쓰는 것입니다. 긍정의 대답을 말할 때는 '很+형용사', 부정의 대답이면 '不+형용사'로 말합니다.

이거 비싸요?

'긍정 + 부정'의 형식으로 사물의 성질을 물어봅시다.

이거 비싸요?

이거 커요?

이거 많아요?

저거 빨라요?

새로 나온 단어

这 [zhè : 쩌] 이, 이것

个 [ge : 거] 개, 명

贵 [guì : 꾸이] 비싸다

大 [dà : 따] 크다

多 [duō : 뚜어] 많다

那 [nà : 나] 그, 저것

快 [kuài : 콰이] 빠르다

个[거]의 번체자는 個(낱 개)입니다. 한국어에도 '한 개, 두 개' 하듯이 사람이나 사물을 세는 단위를 나타내는 말로 个를 씁니다.

알아두기

■ 한 개, 두 개…

중국어에서 사람이나 사물을 세는 단위를 量词[liàngcí], 즉, '양사'라고 합니다. 가장 일반적으로 쓰는 양사는 个[거]입니다. '한 개'는 一个[이 거], '두 개'는 两个[량 거]라고 합니다. 二个라고 할 것 같지만, 二은 단독으로 양사 앞에 쓰지 않기 때문에 两[량]으로 바꿔 씁니다.

■ 이거는 这个[쩌 거], 저거는 那个[나 거]

'이것'은 중국어로 这[쩌], '저것'은 那[나]라는 지시대명사를 씁니다. 这个[쩌 거]의 발음이 한국어의 '저거'와 비슷하니 혼동하지 않도록 유의하세요.

'긍정 + 부정' 형태의 의문문

설명을 잘 읽어보세요.　　　　　　　05-2. mp3

주어	긍정 술어	부정 술어
这个	贵	不贵?
이거	비싸요	안 비싸요?

중국어에서 상대방에게 물어보는 의문문을 만드는 방법에는 크게 두 가지가 있습니다. 첫 번째 방법은 앞 단원에서 배웠듯이 문장 끝에 吗[마]를 붙이는 것입니다. 두 번째 방법은 술어❶의 긍정형과 부정형을 연속해서 말하는 것입니다. "이거 커요?"라고 물으려면 첫 번째 방법으로 这个大吗?[Zhè ge dà ma?]라고 말해도 되고, 这个大不大?[Zhè ge dà bu dà?]라고 말해도 되지요.

❶ 술어
술어란 '～하다'라는 의미를 나타내는 형용사와 동사를 말해요. 贵(비싸다), 大(크다), 多(많다), 快(빠르다)와 같은 말이 문장에서 술어로 쓰입니다.

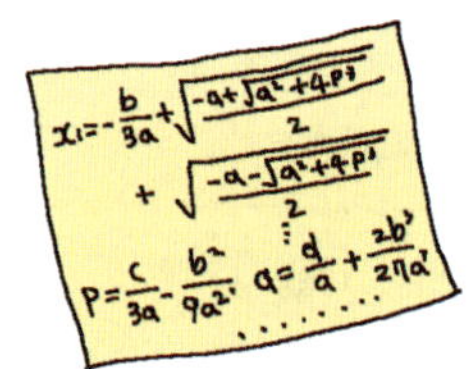

这个难不难?
[Zhè ge nán bu nán?
쩌 거 난 뿌 난]
이거 어려워요?

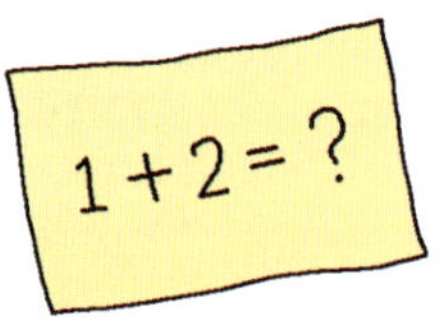

这个容易不容易?
[Zhè ge róngyi bu róngyi?
쩌 거 롱이 뿌 롱이]
이거 쉬워요?

확인하기

아래 두 문장을 '긍정 + 부정' 형태의 의문문으로 바꿔보세요.

(1) 这个难吗? [Zhè ge nán ma?] 이거 어려워요?

(2) 这个容易吗? [Zhè ge róngyi ma?] 이거 쉬워요?

해설 吗[마]를 떼고 그 자리에 술어 难/容易의 부정 형태, 즉 不难/不容易를 붙여서 말합니다. (2)번 문장을 바꾼 这个容易不容易?는 줄여서 这个容不容易?로 말할 수도 있습니다.

정답 (1) 这个难不难? (2) 这个容易不容易?

사물의 성질

빈칸에 단어를 넣어 말해보세요.　🎧 05-3. mp3

这个贵不贵?
Zhège guì bu guì?
이거 비싸요?

小
[xiǎo : 시아오]
这个 ___ 不 ___ ?
이거 작아요?

少
[shǎo : 샤오]
这个 ___ 不 ___ ?
이거 적어요?

慢
[màn : 만]
这个 ___ 不 ___ ?
이거 느려요?

便宜
[piányi : 피엔이]
这个 ___ 不 ___ ?
이거 싸요?

● 대답하기

긍정의 대답은 '很+형용사', 부정의 대답은 '不+형용사'로 말할 수 있습니다. 즉, 옆의 질문에 다음과 같이 답할 수 있지요.

很小。/ 不小。
작아요/안 작아요.

很少。/ 不少。
적어요/안 적어요.

很慢。/ 不慢。
느려요/안 느려요.

很便宜。/ 不便宜。
싸요/안 싸요.

📍 단어 더하기

■ 사물의 성질　🎧 05-4. mp3

小 [xiǎo : 시아오] (크기가) 작다

慢 [màn : 만] 느리다

长 [cháng : 창] 길다

重 [zhòng : 쭝] 무겁다

少 [shǎo : 샤오] (양이) 적다

便宜 [piányi : 피엔이] 싸다

短 [duǎn : 두안] 짧다

轻 [qīng : 칭] 가볍다

重은 발음이 zhòng[쭝], chóng[충] 두 가지입니다. '무겁다'일 때는 zhòng으로, '다시'라는 뜻일 때는 chóng으로 읽습니다. 중국의 도시 중경(重庆)도 '충칭(Chóngqìng)'으로 읽지요.

다음 발음을 듣고 따라해보세요.　🎧 05-5. mp3

ge　ke　he

이번에는 혀뿌리와 입천장에서 나는 발음입니다.

g는 혀뿌리 근처, 즉 목구멍 깊은 곳에서 끌어당기듯이 소리를 냅니다.
k는 혀뿌리 근처에서 소리를 끌어내는 동시에 공기도 밖으로 나가는 소리입니다.

h는 혀뿌리 근처와 입천장 사이를 공기가 비집고 나오며 나는 소리입니다.

좀 지저분할지 모르지만, 이 발음은 가래침을 뱉을 때처럼 목구멍을 울릴 만큼 강하게 ge[끄어], ke[크어], he[흐어]라고 발음하면 됩니다.❶

❶ **성모 발음하기**
g, k, h와 어울리는 운모는 e[으어]입니다. 앞 단원에서 배웠듯이 e를 발음할 때에는 입을 약간만 벌려 [으]로 시작해 [어]로 소리 냅니다.

확인하기

☑️ **녹음을 듣고 알맞은 발음을 골라보세요.**

(1) ge　　(2) ke　　(3) he　　(4) le

해설 'ㄲ'와 같은 소리가 목구멍에서 끌어당기듯 나므로 g 소리입니다.

정답 (1)

3성 결합 발음

다음 발음을 듣고 따라해보세요.　　🎧 05-6. mp3

3성과 1성, 2성, 3성, 4성, 경성 글자가 결합한 단어를 통해 성조를 연습해 봅니다. 3성 뒤에 1성, 2성, 4성, 경성이 오면 앞의 3성은 반만 내려가는 반3성으로 발음합니다. 3성 뒤에 3성이 연달아 오면 '3성+3성' → '2성+3성'으로 발음합니다.

3성 + 1성	mǎmā	Wǒ hē.[1] 나는 마신다.
3성 + 2성	mǎmá	Wǒ lái. 나는 온다.
3성 + 3성	mǎmǎ	Wǒ kě. 나는 목이 마르다.
3성 + 4성	mǎmà	Wǒ mài. 나는 판다.
3성 + 경성	mǎma	nǎinai 할머니

❶ 단어 알기
Wǒ hē. 我喝。
Wǒ lái. 我来。
Wǒ kě. 我渴。
Wǒ mài. 我卖。
nǎinai 奶奶

확인하기

✓ 발음을 듣고 두 음절의 성조가 <u>다른</u> 것을 고르세요.

(1)	(2)	(3)	(4)

해설 (1) shǒujī, (2) zǎoshang, (3) nǎinai, (4) jiějie로, (1)은 '3성+1성'이고 나머지는 모두 '3성+경성' 발음입니다.

정답 (1)

▶ 정답과 해설은 213쪽에 있습니다.

1 다음 단어에 맞는 발음을 고르고 읽어보세요.

(1) 容易　　　　　　　(2) 便宜　　　　　　　(3) 短

☐ lóngyi　　　　　　☐ piānyi　　　　　　☐ duǎn

☐ nóngyi　　　　　　☐ piányi　　　　　　☐ nuǎn

☐ róngyi　　　　　　☐ piànyi　　　　　　☐ luǎn

2 병음과 간체자를 바르게 연결하세요.

(1) zhè　·　　　　　　　　　　·　个

(2) ge　·　　　　　　　　　　·　少

(3) xiǎo　·　　　　　　　　　　·　小

(4) shǎo　·　　　　　　　　　　·　这

3 아래 문장에 공통으로 들어갈 단어와 병음을 [보기]에서 골라 쓰세요.

[보기]	很[hěn]	吗[ma]	不[bu]

这个贵 ☐ 贵?　이거 비싸요?

Zhè ge guì ＿＿＿＿ guì?

这个便宜 ☐ 便宜?　이거 싸요?

Zhè ge piányi ＿＿＿＿ piányi?

那个快 ☐ 快?　저거 빨라요?

Nà ge kuài ＿＿＿＿ kuài?

4 다음 제시된 단어의 반대말을 쓰세요.

(1) 大 ↔ ☐　　(2) 多 ↔ ☐　　(3) ☐ ↔ 便宜　　(4) ☐ ↔ 慢
　　 dà　 xiǎo　　　 duō shǎo　　　 guì　 piányi　　　 kuài màn

외래어는 어떻게 표기할까 下 : 소리+뜻

중국어에서 외래어를 표기하는 방법에는 소리를 그대로 표현하는 방법과 의미를 살펴 표현하는
방법이 있다고 배웠습니다. 이번에는 그 두 가지 방법을 모두 써서 표현하는 단어를 배워볼까요?

미니스커트　–　**迷你裙** [mínǐqún : 미니췬]
　　　　　　　　▶ mini 迷你 + 치마 裙

이마트　–　**易买得** [yìmǎidé: 이마이더]
　　　　　　　　▶ 쉽다 易 + 사다 买 + 득이 된다 得

스타벅스　–　**星巴克** [xīngbākè : 씽바커]
　　　　　　　　▶ 별 星 + 벅스 巴克

코카콜라　–　**可口可乐** [kěkǒukělè: 크어커우크어러]
　　　　　　　　▶ 맛있다 可口 + 콜라 可乐

비비크림　–　**BB霜** [shuāng: 비비슈앙]
　　　　　　　　▶ BB + 크림 霜

베이징의 스타벅스 매장입니다. 스타벅스는
중국어로 星巴克咖啡[Xīngbākè kāfēi], 즉
'싱빠커 카페이'라고 표기합니다.

▶ 我是 ⬚ 。　▶ 我不是 ⬚ 。

워 스 한궈런
● **我是韩国人。**
Wǒ shì Hánguórén.

타 스 메이궈런
○ **他是美国人。**
Tā shì Měiguórén.

타 스 르번런
● **她是日本人。**
Tā shì Rìběnrén.

워 부 스 쭝궈런
○ **我不是中国人。**
Wǒ búshì Zhōngguórén.

말하기 공식

我/他/她 + 是 + 국적 。　　　**我/他/她 + 不是 + 국적 。**

나는/그는/그녀는 _______ 입니다.　　나는/그는/그녀는 _______ 이 아닙니다.

是[스]는 중국어에서 가장 기본적인 동사로, '~이다'라는 뜻입니다. 是 뒤에 '국가명+人[런]'을 써서 '나는/그는/그녀는 ~사람이다'라고 국적을 나타낼 수 있습니다. 是 앞에 사람 이름을 써서 金妍兒是韩国人。이라고 하면 '김연아는 한국인이다'가 되지요. '~ (사람)이 아니다'라고 하려면 是 대신에 不是[부스]를 붙여 말하면 됩니다.

나는 한국 사람입니다.

자신의 국적과 다른 사람의 국적을 말해봅시다.

나는 한국 사람입니다.

그는 미국 사람입니다.

그녀는 일본 사람입니다.

나는 중국 사람이 아닙니다.

새로 나온 단어

是 [shì : 스] ~이다
韩国 [Hánguó : 한궈] 한국
人 [rén : 런] 사람
美国 [Měiguó : 메이궈] 미국
日本 [Rìběn : 르번] 일본
中国 [Zhōngguó : 쫑궈] 중국

国[궈]를 우리나라에서는 國으로 씁니다. 모든 나라 이름에 国가 붙는 것은 아닙니다.

알아두기

■ **고유명사의 발음기호는 대문자로**

韩国[한궈], 中国[쫑궈]처럼 세상에 하나밖에 없는 이름을 고유명사라고 합니다. 이런 고유명사의 발음기호(한어병음)는 문장 중간에 나오더라도 첫 글자를 대문자로 적습니다.

■ **아름다운 나라 vs. 쌀 나라**

미국(USA)은 한국과 중국에서는 아름다울 미(美)자를 붙여 美国이라 씁니다. 하지만 일본에서는 쌀 미(米) 자를 써서 米国이라 씁니다. 미국을 뜻하는 America가 중국 사람들 귀에는 美利坚[메이리지엔]처럼 들렸던 데서 美를 쓰기 시작했다고 하네요.

동사 술어문 是

🎧 06-2. mp3

대상	동사 술어	목적어
我	是	韩国人。
나는	~이다	한국 사람

한국어로는 '나는 / 한국 사람 / 이다'라고 말하지만, 중국어로는 '나는 / 이다 / 한국 사람'이라고 합니다. 중국어 문장에서 핵심이 되는 것은 가운데에 있는 술어(동사나 형용사)라는 것을 기억하세요. '~이 아니다'라고 말하려면 동사 是[스] 앞에 不[부]를 붙여 不是[부스]라고 하면 됩니다. ❶ "당신은 어느 나라 사람입니까?"라고 묻고 싶을 때에는 你是哪国人?[니스 나 궈 런]이라고 말합니다. ❷

❶ 不是
不는 원래 4성입니다. 하지만 뒤에 오는 是가 떨어지는 4성이기 때문에 不를 올라가는 2성으로 바꾸어 발음합니다.

❷ 의문대명사 哪
哪는 '어느'라는 의미의 의문대명사입니다. 의문대명사는 그 자체로 의문을 나타내므로 의문 조사 吗를 붙이지 않습니다.

我是日本人。
[Wǒ shì Rìběnrén.
워 스 르번런]
나는 일본 사람이에요.

我不是英国人。
[Wǒ búshì Yīngguórén.
워 부 스 잉궈런]
나는 영국 사람이 아니에요.

✓ 아래에서 '~이다'라는 뜻이 있는 단어를 고르세요.

我 [wǒ]　　　是 [shì]　　　韩国 [Hánguó]　　　人 [rén]

해설 '~이다'라는 뜻의 단어는 是로, 중국어에서 가장 기본적인 동사입니다. 我[워]는 '나', 韩国[한궈]는 '한국', 人[런]은 '사람'이라는 뜻이죠.

정답 是

국적

빈칸에 단어를 넣어 말해보세요. 🎧 06-3. mp3

❶ 월남 vs. 베트남
'월남'은 우리나라에서 한자 독음을 빌려쓴 말로 '베트남'을 가리킵니다. 중국어로 越南(월남)의 발음은 Yuènán입니다.

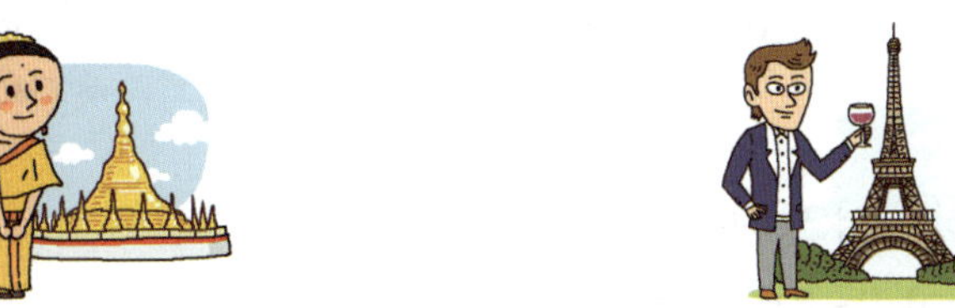

我是韩国人。
Wǒ shì Hánguórén.
나는 한국 사람입니다.

泰国
[Tàiguó : 타이궈]
我是 ________ 人。
나는 태국 사람입니다.

法国
[Fǎguó : 파궈]
我是 ________ 人。
나는 프랑스 사람입니다.

越南❶
[Yuènán : 위에난]
我是 ________ 人。
나는 베트남 사람입니다.

德国
[Déguó : 더궈]
我是 ________ 人。
나는 독일 사람입니다.

📍 단어 더하기

■ 국적 🎧 06-4. mp3

泰国 [Tàiguó : 타이궈] 태국   法国 [Fǎguó : 파궈] 프랑스

越南 [Yuènán : 위에난] 베트남   德国 [Déguó : 더궈] 독일

瑞士 [Ruìshì : 루이스] 스위스   印度 [Yìndù : 인뚜] 인도

菲律宾 [Fēilǜbīn : 페이뤼삔] 필리핀   新加坡 [Xīnjiāpō : 신지아포] 싱가포르

다음 발음을 듣고 따라해보세요.　🎧 06-5. mp3

ji　qi　xi

이번에는 혓바닥과 입천장에서 나는 발음입니다.

j는 혀의 앞부분을 입천장에서 떼면서 내는 소리입니다. 우리말의 [ㅈ]와 비슷한 소리를 냅니다.

q는 j와 비슷하지만 혀의 앞부분을 입천장에서 뗄 때 바람을 강하게 보내며 내는 소리입니다. 영어 q의 발음과 달리 [ㅊ]와 비슷하게 소리를 낸다는 것에 주의하세요.❶

x는 공기가 혀의 앞부분과 입천장 사이를 비집고 나오며 나는 소리입니다. 우리말의 [ㅅ]와 비슷한 소리를 냅니다.

ji, qi, xi는 각각 [지], [치], [시]로 발음합니다.❷

❶ qi

"미안합니다"라는 뜻인 对不起![Duìbuqǐ]에서도 qi를 [치]로 발음해 [뚜이부치]라고 하지요.

❷ i 발음하기

j, q, x와 어울리는 운모는 i[이]인데, i는 어떤 자음과 결합하느냐에 따라 발음이 달라집니다. 7,8과에서 자세히 살펴봅니다.

확인하기

✅ 녹음을 듣고 잘못 발음한 것을 고르세요.

(1) jī　　　(2) qī　　　(3) xiàn　　　(4) kē

해설 qi는 [키]가 아니라 [치]와 비슷하게 소리납니다. (3) xiàn은 ian을 [이안]이 아니라 [이엔]으로 발음하므로 [시엔]이 맞습니다.

정답 (2)

qu는 [취]

다음 발음을 듣고 따라해보세요.

❶ 단어 알기
qī 七
duìbuqǐ 对不起
qù 去
xìngqù 兴趣
jīngjù 京剧
jiājù 家具
yěxǔ 也许
xǔduō 许多

qī   qū

이번에는 성모 q에 운모 i와 u를 각각 넣어 발음을 살펴보겠습니다.

qi는 [치]로 발음한다고 했습니다. 그러면 qu 발음을 살펴볼까요?

u는 [우] 발음이니 qu를 [추]로 잘못 발음하는 경우가 많습니다. 그러나 qu 발음은 원래 qü였습니다. **ü가 j, q, x와 결합할 때는 u로 표기합니다. 따라서 입을 끝까지 동그랗게 유지하고 [취]로 발음해야 합니다.**

다음 발음이 들어간 단어를 듣고 따라해보세요.❶

qī 7	duìbuqǐ 미안합니다
qù 가다	xìngqù 흥미
jīngjù 경극	jiājù 가구
yěxǔ 아마도	xǔduō 매우 많다

확인하기

☑ 운모 u를 <u>다르게</u> 발음해야 하는 것을 고르세요.

(1) jīngjù   (2) wǔ   (3) qù   (4) xǔduō

해설 (1), (3), (4)의 u는 성모 j, q, x와 결합해서 [쥐], [취], [쉬]로 발음합니다. (2)의 wu는 [우]라고 발음합니다.

정답 (2)

▶ 정답과 해설은 214쪽에 있습니다.

1 우리말 뜻과 중국어에 맞게 빈칸에 알맞은 병음을 쓰세요.

(1) 한국　　　　　　　　(2) 중국　　　　　　　　(3) 일본

韩国 __________　　　中国 __________　　　日本 __________

2 다음 퍼즐에서 빈칸에 공통으로 들어갈 중국어를 쓰세요.

가로　① 프랑스 사람

세로　① 독일 사람

② 德 Dé

① 法 Fǎ　　　人 rén

人 rén

3 아래 대화에 공통으로 들어갈 단어와 병음을 [보기]에서 골라 쓰세요.

| [보기] | 很[hěn] | 是[shì] | 也[yě] |

A: 你们 ☐ 英国人吗?　당신들은 영국 사람이에요?

Nǐmen ______ Yīngguórén ma?

B: 我 ☐ 英国人。　나는 영국 사람이에요.

Wǒ ______ Yīngguórén.

C: 我不 ☐ 英国人。　나는 영국 사람이 아니에요.

Wǒ bú ______ Yīngguórén.

중국에서 가볼 만한 관광지

중국은 워낙 넓은 나라라서 가볼 만한 곳이 많습니다. 북쪽의 장백산[长白山: 창바이샨]은 우리 민족의 산인 백두산으로 알려져 있고, 남쪽 홍콩[香港: 샹강]으로 가면 덥고 습한 동남아의 향취를 느낄 수 있죠. 서쪽의 곤명[昆明: 쿤밍]이나 성도[成都: 청뚜]에 가면 중국의 4대 소수민족 중 하나인 묘족[苗族:미아오주]이나 꽃밥을 먹는 포의족[布依族:뿌이주] 같이 자신의 전통과 문화를 지키며 살아가는 소수민족도 만나볼 수 있습니다. 이렇게 다양한 기후와 매력을 가진 중국의 도시 이름을 알아볼까요?

我叫孙悟空。

▶ 我叫/是 〔　　　〕。　▶ 我姓 〔　　　〕。

워 지아오　쑨　우콩
- **我叫孙悟空。**
  Wǒ jiào Sūn Wùkōng.

워 스　쑨 우콩
- **我是孙悟空。**
  Wǒ shì Sūn Wùkōng.

워　싱　쑨
- **我姓孙。**
  Wǒ xìng Sūn.

타　지아오 쭈　빠 지에
- **他叫猪八戒。**
  Tā jiào Zhū Bājiè.

말하기 공식

我 + 叫/是 + 〔 이름 〕。　　　　我 + 姓 + 〔 성 〕。

나는 ＿＿＿＿＿＿＿ 입니다.　　　　제 성은 ＿＿＿＿＿＿＿ 입니다.

이름을 말할 때는 '～라고 불리다'라는 뜻의 叫[지아오]와 '～이다'라는 뜻의 是[스], 두 가지 동사를 써서 말할 수 있습니다. 성을 말할 때는 '성이 ～이다'라는 뜻의 동사 姓[싱]을 써서 '나는 ～씨입니다', '제 성은 ～입니다'라고 말하면 됩니다.

나는 손오공이라고 합니다.

자신의 이름, 그리고 다른 사람의 이름과 성을 말해봅시다.

나는 손오공이라고 합니다.

나는 손오공입니다.

나는 손씨입니다.

그는 저팔계라고 합니다.

새로 나온 단어

叫 [jiào : 지아오] ~라고 불리다

孙悟空 [Sūn Wùkōng : 쑨 우콩] 손오공

姓 [xìng : 싱] 성이 ~이다

孙 [Sūn : 쑨] 성씨 손

猪八戒 [Zhū Bājiè : 쭈 빠지에] 저팔계

이름은 고유명사이기 때문에 한국어 원음으로 발음하려는 분들도 있지만, 중국은 외래어를 중국식 발음으로 바꿔 말한답니다! 심지어 한자가 없는 외국 이름도 비슷한 중국어 발음으로 부릅니다. 우리나라 이름은 한자로 된 것이 많아 중국어로 부르기 편하겠죠?

알아두기

■ 이름 발음기호 적기

영어에서는 성과 이름 첫 글자를 대문자로 쓰지요. 중국어의 발음기호도 이와 같이 씁니다.

손　　오공
孙　　悟空

Sūn Wùkōng
↓　　↓　　↓
대문자　대문자　소문자

동사 술어문 叫/是/姓

설명을 잘 읽어보세요. 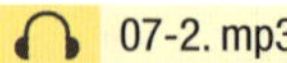 07-2. mp3

목적어	동사 술어	목적어
我	叫 / 是	孙悟空。
나는	~라고 불리다/~이다	손오공

이름을 소개할 때에는 동사 叫[지아오]나 是[스] 뒤에 이름을 넣어 말합니다.❶ 각각 '나는 ~라고 불려요', '나는 ~예요'가 되니까 결국 '나는 ~라고 합니다'라는 뜻이 되지요. 성만 말할 때는 동사 姓[싱] 뒤에 성을 넣어 말합니다.

❶ 이름이 뭐예요?
'이름이 뭐예요?'는 你叫什么名字? [Nǐ jiào shénme míngzi?]라고 합니다. 여기서 什么 [shénme]는 '무엇, 무슨'이란 뜻이고, 名字 [míngzi]는 '이름'이란 뜻입니다.

我叫沙悟净。
[Wǒ jiào Shā Wùjìng.
워 지아오 샤우징]
나는 사오정이라고 합니다.

我姓金。
[Wǒ xìng Jīn.
워 싱 진]
나는 김씨입니다.

✅ 자신의 이름과 성을 소개할 때 필요한 단어가 <u>아닌</u> 것을 고르세요.

好 [hǎo]　　　是 [shì]　　　叫 [jiào]　　　姓 [xìng]

해설 好는 '안녕하다, 좋다'라는 의미가 있으며, 인사를 할 때 쓰는 단어입니다.

정답 好

빈칸에 단어를 넣어 말해보세요.   🎧 07-3. mp3

我叫孙悟空。
Wǒ jiào Sūn Wùkōng.
나는 손오공이라고 합니다.

张飞❶
[Zhāng Fēi : 짱 페이]
我叫 ________ 。
나는 장비라고 합니다.

杨玉环❷
[Yáng Yùhuán : 양 위환]
我叫 ________ 。
나는 양위환(양귀비)이라고 합니다.

刘备
[Liú Bèi : 리우 뻬이]
我叫 ________ 。
나는 유비라고 합니다.

曹操
[Cáo Cāo : 차오 차오]
我叫 ________ 。
나는 조조라고 합니다.

❶ 한국엔 김씨,
중국엔 장씨

한자성어 '장삼이사(張三李四)'는 이름이나 신분이 특별할 것 없는 평범한 사람을 말합니다. '장씨의 셋째 아들과 이씨의 넷째 아들'이란 뜻이지요. 그런데 왜 김삼이사(金三李四)가 아닌지 궁금하지 않으셨나요? 이 말은 원래 중국에서 유래했는데, 중국에는 장씨가 그만큼 많기 때문이라고 하네요.

❷ 양위환

중국 당 현종의 후궁이었던 양귀비의 본명입니다. 귀비(貴妃)는 후궁의 지위를 나타내는 말입니다.

📍 단어 더하기

■ 우리나라 성씨 중국어로 읽기 🎧 07-4. mp3

李 [Lǐ : 리] 이(李)

崔 [Cuī : 추이] 최(崔)

姜 [Jiāng : 지앙] 강(姜)

张 [Zhāng : 짱] 장(張)

朴 [Piáo : 피아오] 박(朴)

郑 [Zhèng : 쩡] 정(鄭)

赵 [Zhào : 짜오] 조(趙)

林 [Lín : 린] 임(林)

다음 발음을 듣고 따라해보세요. 🎧 07-5. mp3

zi ci si

이번에는 혀끝과 앞니 뒤쪽에서 소리 나는 발음입니다. 쉽게 말해 못마땅해할 때 혀를 차는 것처럼 발음하면 됩니다.

z는 혀끝을 앞니 뒤쪽에 대었다 살짝 떼면서 발음합니다. 우리말의 [ㅉ]와 비슷한데 혀끝이 좀 더 앞으로 향합니다.

c는 혀끝을 앞니 뒤쪽에서 뗄 때 바람이 강하게 나갑니다. 우리말의 [ㅊ]와 비슷한데 역시 혀끝이 좀 더 앞으로 향합니다.

s는 혀끝을 앞니 뒤쪽에 대고 그 틈으로 공기가 비집고 나오면서 나는 소리입니다. 우리말의 [ㅆ]와 비슷한데 역시 혀끝이 좀 더 앞으로 향합니다.

zi, ci, si는 각각 [쯔], [츠], [쓰]로, 즉 i를 [으]로 발음합니다.❶

❶ i 발음하기
운모 i는 [이]와 [으] 두 가지 발음이 있는데, 결합하는 성모에 따라 다릅니다. z, c, s, zh, ch, sh, r 와 결합하는 i는 [으]로 발음합니다.
6과에서 배웠던 ji, qi, xi는 [이] 발음의 i와 결합했기 때문에 [지], [치], [시]로 발음했었지요.

확인하기

✓ 녹음을 듣고 <u>잘못</u> 발음한 것을 고르세요.

    (1) zī   (2) cī   (3) sī   (4) qī

해설 (1) zī는 혀끝을 앞니에 대었다 떼면서 나는 소리입니다. 들려드린 소리는 jī입니다.

정답 (1)

4성 결합 발음

다음 발음을 듣고 따라해보세요. 🎧 07-6. mp3

❶ 단어 알기
xiàbān 下班
sìshí 四十
Hànyǔ 汉语
Zàijiàn! 再见!
bàba 爸爸

4성과 1성, 2성, 3성, 4성, 경성 글자가 결합한 단어를 통해 성조를 연습해 봅니다.

4성 + 1성	màmā	xiàbān❶ 퇴근하다
4성 + 2성	màmá	sìshí 40, 사십
4성 + 3성	màmǎ	Hànyǔ 중국어
4성 + 4성	màmà	Zàijiàn! 또 만나요!
4성 + 경성	màma	bàba 아빠

확인하기

☑ 발음을 듣고 두 음절의 성조가 나머지와 <u>다른</u> 것을 고르세요.

(1)　　　　(2)　　　　(3)　　　　(4)

해설 (1) hòutiān, (2) bàba, (3) shàngbān, (4) xiàbān으로, (2)는 '4성+경성'이고 나머지는 모두 '4성+1성'입니다.

정답 (2)

▶ 정답과 해설은 215쪽에 있습니다.

1 우리말 뜻과 중국어에 맞게 빈칸에 알맞은 병음을 쓰세요.

(1) ～라고 불리다　　　　(2) 성이 ～이다　　　　(3) ～이다

　叫 ＿＿＿＿＿　　　　姓 ＿＿＿＿＿　　　　是 ＿＿＿＿＿

2 아래 문장에 공통으로 들어갈 단어와 병음을 [보기]에서 골라 쓰세요.

[보기]	姓[xìng]	是[shì]	不[bù]

我 ☐ 李。　나는 이씨입니다.

Wǒ ＿＿＿＿ Lǐ.

我 ☐ 金。　나는 김씨입니다.

Wǒ ＿＿＿＿ Jīn.

我 ☐ 张。　나는 장씨입니다.

Wǒ ＿＿＿＿ Zhāng.

3 다음 문장을 알맞은 우리말 뜻과 연결하고 세 번씩 읽어보세요.

(1) Wǒ jiào Sūn Wùkōng.　　•　　　　•　나는 손오공이라고 합니다.

(2) Wǒ shì Sūn Wùkōng.　　•　　　　•　나는 손씨입니다.

(3) Wǒ xìng Sūn.　　•　　　　•　나는 손오공입니다.

차이나 이야기

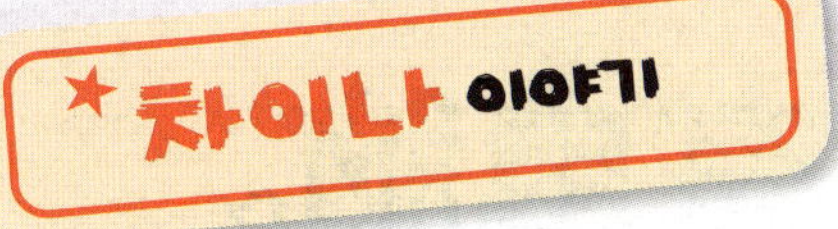

내 이름, 중국어로 어떻게 읽지?

한국인의 이름은 대부분 한자로 되어 있기 때문에 중국어 발음으로 읽을 수 있습니다. 배우 마동석을 중국에서는 '마똥씨'라고 하지요. 여러분도 각자의 이름을 중국어로 찾아보세요.

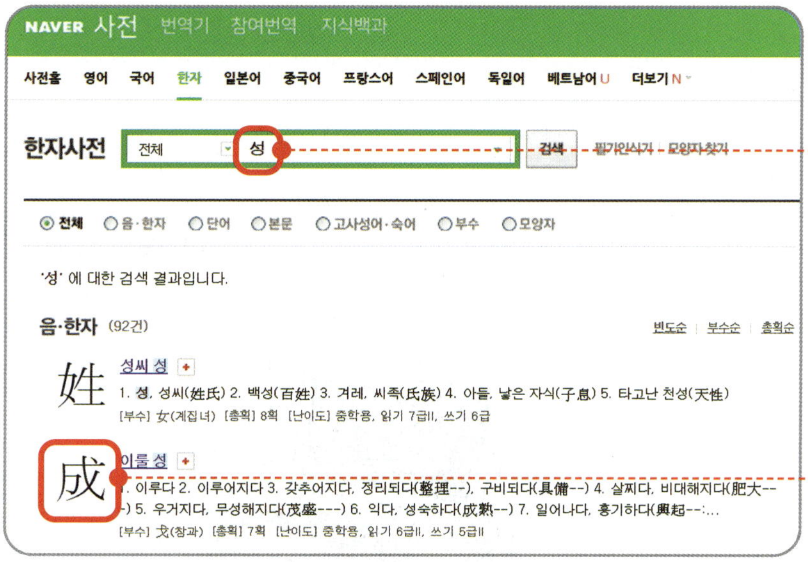

❶ '네이버 사전' → '한자사전' 입력창에 한글로 이름을 한 글자씩 입력합니다.

❷ 찾으려는 한자가 나오면 한 번 더 클릭해서 자세한 내용을 확인합니다.

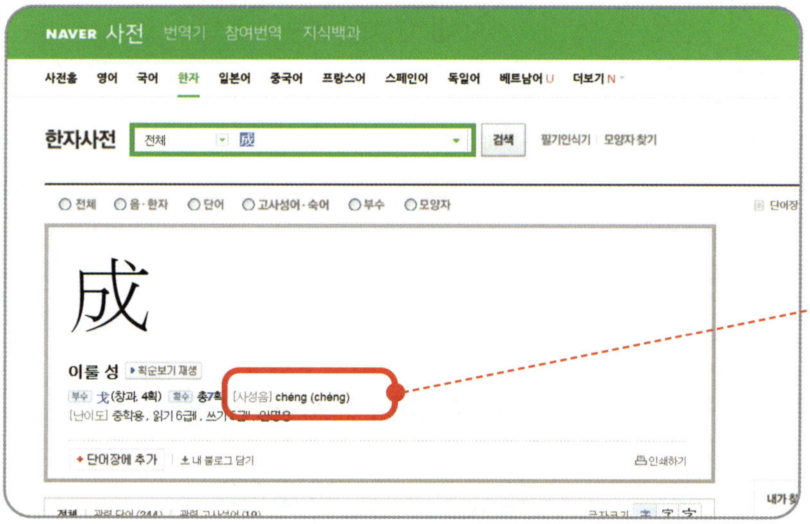

❸ [사성음]에 chéng이라고 중국어 발음이 나옵니다. 이 방법으로 자신의 이름을 찾아보세요.

我有电脑。

▶ 我有 ⬚。 ▶ 我没有 ⬚。

워 여우 끄어 그어
● 我有哥哥。
Wǒ yǒu gēge.

워 여우 지에 지에
○ 我有姐姐。
Wǒ yǒu jiějie.

워 여우 띠엔 나오
● 我有电脑。
Wǒ yǒu diànnǎo.

워 메이 여우 셔우 지
○ 我没有手机。
Wǒ méiyǒu shǒujī.

我 + 有 + 사물/사람 。　　　我 + 没有 + 사물/사람 。

나는 ________가 있어요.　　　나는 ________가 없어요.

'~을 가지고 있다'라고 할 때에는 동사 有[여우] 뒤에 목적어를 붙여 말합니다. '~을 가지고 있지 않다'라고 말할 때에는 没有[메이여우]를 씁니다. 컴퓨터나 휴대폰 같은 사물뿐 아니라 가족 관계를 나타낼 때에도 有/没有로 말할 수 있습니다.

나는 컴퓨터를 가지고 있어요.

'가지고 있다', '없다'라는 단어를 사용해 소유에 대해 말해봅시다.

나는 오빠(형)가 있어요.

나는 언니(누나)가 있어요.

나는 컴퓨터를 가지고 있어요.

나는 휴대폰이 없어요.

새로 나온 단어

有 [yǒu : 여우] ~를 가지고 있다

电脑 [diànnǎo : 띠엔나오]
컴퓨터

没有 [méiyǒu : 메이여우] 없다,
가지고 있지 않다

手机 [shǒujī : 셔우지] 휴대폰

기계 기의 간체자인 机는 기계에
붙어요.
비행기는 '나는 기계' 飞机[페이지]
이고, 세탁기는 '옷을 씻는 기계'
洗衣机[씨이지]입니다.

알아두기

■ 전기와 관련된 단어에는 电을 붙여요

电脑[띠엔나오]의 电[띠엔]의 한국식 한자는 電(번개/전기 전)입니다. 전기와 관련된 중국어 단어에는 电이 붙습니다. 컴퓨터는 电脑[띠엔나오], 전화는 电话[띠엔화], TV는 电视[띠엔스], 영화는 电影[띠엔잉], 엘리베이터는 电梯[띠엔티]라고 합니다. 컴퓨터를 뜻하는 电脑는 한자 그대로 풀면 '전자 두뇌'라는 뜻이니까 의미상으로도 잘 어울리죠.

소유를 나타내는 동사 有/没有

설명을 잘 읽어보세요. 🎧 08-2. mp3

주어	동사 술어	목적어
我	有 / 没有	电脑。
나는	~가 있다/없다	컴퓨터

[동사 有[여우] 뒤에 무엇을 가지고 있는지 그 대상을 쓰면 '~을 가지고 있다'는 뜻을 나타낼 수 있습니다. 사람이나 사물 모두 대상으로 올 수 있습니다. '~가 없다', '~을 가지고 있지 않다'라는 뜻의 중국어는 没有[메이여우]입니다.❶

我有弟弟。
[Wǒ yǒu dìdi.
워 여우 띠디]
나는 남동생이 있어요.

我没有弟弟。
[Wǒ méiyǒu dìdi.
워 메이여우 띠디]
나는 남동생이 없어요.

확인하기

✅ 다음 동사의 반대말(부정형)을 써 보세요.

(1) 是 [shì]　　　(2) 有 [yǒu]

해설 동사를 부정할 때에는 동사 앞에 不를 붙여 不是[부스]라고 쓰지만, 有[여우]를 부정할 때에는 不 대신 没를 붙여 没有[메이여우]로 씁니다.

정답 (1) 不是　(2) 没有

❶ 不有가 아니라 没有 라고 해요!
앞에서 '~이 아니다'라고 부정문을 만들 때는 술어 앞에 不[뿌]를 붙인다고 했죠? 그러나 有를 부정할 때에는 不有가 아니고 没有라고 씁니다.

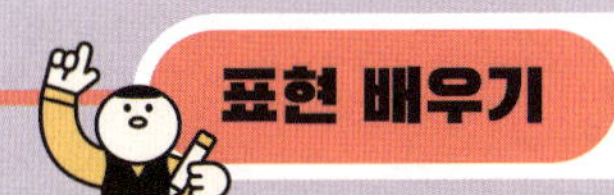

빈칸에 단어를 넣어 말해보세요.  08-3. mp3

我有电脑。
Wǒ yǒu diànnǎo.
나는 컴퓨터가 있어요.

钱
[qián : 치엔]
我有 ____。
나는 돈이 있어요.

书
[shū : 슈]
我有 ____。
나는 책이 있어요.

电视
[diànshì : 띠엔스]
我有 ________。
나는 TV가 있어요.

眼镜❶
[yǎnjìng : 이엔징]
我有 ________。
나는 안경이 있어요.

❶ 성조가 달라요!
'눈'과 '안경'은 발음이 같고 성조만 다릅니다. 눈은 眼睛[yǎnjing], 안경은 眼镜은 [yǎnjìng]입니다. '나는 안경이 없어요'는 我没有眼镜。이라고 합니다. 我没有眼睛。이라고 하면, '나는 눈이 없어요'라는 뜻이 되니 성조에 주의하세요.

包[빠오]는 '(짐을) 싸다'라는 뜻 외에 '가방'이라는 뜻도 있어요.
钱[치엔]은 '돈'이니까 钱包[치엔빠오]는 '지갑',
书[슈]는 '책'이니까 书包[슈빠오]는 '책가방'이 되지요.

📍 단어 더하기

■ 사물 08-4. mp3

钱 [qián : 치엔] 돈

书 [shū : 슈] 책

电视 [diànshì : 띠엔스] TV

眼镜 [yǎnjìng : 이엔징] 안경

钱包 [qiánbāo : 치엔빠오] 지갑

书包 [shūbāo : 슈빠오] 책가방

护照 [hùzhào : 후짜오] 여권

行李 [xíngli : 싱리] 짐

다음 발음을 듣고 따라해보세요.   🎧 08-5. mp3

zhi   chi   shi   ri

이번에는 혀끝과 입천장에서 나는 소리를 배웁니다. 영어에서 [r]를 발음할 때처럼 혀를 둥글게 만 상태로 각각 모음에 붙여 발음해보세요.

zh와 ch는 혀끝을 위로 말아 올려 입천장에 가볍게 떼면서 나는 소리입니다.

sh는 혀끝을 위로 말아 올려 입천장 가까이 대고 그 틈으로 공기가 비집고 나가는 소리입니다.

r는 혀끝을 위로 말아서 입천장 가까이 대고 그 틈으로 공기가 비집고 나가는 소리인데, sh 발음과 달리 성대가 울립니다.

zhi는 [즈], chi는 [츠], shi는 [스], ri는 [르]라고 발음합니다.❶

❶ i 운모 발음하기
운모 i는 7개 성모(z, c, s, zh, ch, sh, r)와 결합하면 [으]로 발음하고, 그 외의 다른 성모와 결합할 때는 [이]로 발음합니다.

확인하기

✓ 녹음을 듣고 **잘못** 발음한 것을 고르세요.

(1) zhī   (2) chī   (3) shī   (4) rī

해설 (2) chī는 혀끝을 말아 올려 [츠]에 가깝게 내는 소리인데, 녹음에서는 qī로 [치]와 비슷한 소리입니다.

정답 (2)

1성으로 시작하는 3음절 단어와 구

🎧 08-6. mp3

❶ 단어 알기
Xīnjiāpō 新加坡
Zhōngguórén 中国人
chī chǎofàn 吃炒饭
shuō Hànyǔ 说汉语

1성과 각각 다른 성조로 결합된 3음절 단어 또는 구를 통해 성조를 연습해봅시다. 여러 성조가 어우러지지만, 각각의 성조를 그 음에 맞게 정확하게 발음해보세요. 특히 3성은 뒤에 다른 성조(3성을 제외한 1성, 2성, 4성, 경성)가 올 때는 아래로 내려오는 데까지, 즉 반만 발음한다는 것에 주의하세요.

1성 + 1성 + 1성	māmāmā	Xīnjiāpō❶ 싱가포르
1성 + 2성 + 2성	māmámá	Zhōngguórén 중국인
1성 + 3성 + 4성	māmǎmà	chī chǎofàn 볶음밥을 먹다
1성 + 4성 + 3성	māmàmǎ	shuō Hànyǔ 중국어를 말하다

확인하기

☑ 발음을 듣고 성조를 표시하세요.

[　　]　　　　　　[　　]　　　　　　[　　]
(1) pai zhàopiàn　　　(2) shuō Yingyu　　　(3) hē hongcha

해설 (1) pāi, (2) Yīngyǔ, (3) hóngchá로 각각 '1성', '1성+3성', '2성+2성'입니다.

정답 (1) ー (2) ー ˇ (3) ´ ´

▶ 정답과 해설은 216쪽에 있습니다.

1 우리말 뜻과 중국어에 맞게 빈칸에 알맞은 병음을 쓰세요.

(1) 휴대폰　　　　　　　(2) 남동생　　　　　　　(3) 여동생

手机 ___________　　　弟弟 ___________　　　妹妹 ___________

2 다음 퍼즐에서 빈칸에 공통으로 들어갈 중국어를 쓰세요.

가로　① 컴퓨터
　　　② 지갑

세로　① TV
　　　③ 책가방

	①	脑 nǎo
视 shì		③ 书 shū
	② 钱 qián	

3 다음 긍정문을 부정문으로 바꿔 문장 전체를 쓰세요.

(1) 我有电脑。　→ ___________________________________ 。

(2) 我有手机。　→ ___________________________________ 。

(3) 我有哥哥。　→ ___________________________________ 。

4 다음 빈칸에 들어갈 부수를 [보기]에서 골라 쓰세요.

[보기]	月	目	木

(1) 手◻几　　　　　　　(2) 电◻函　　　　　　　(3) ◻艮镜
　　shǒujī　　　　　　　　　diànnǎo　　　　　　　　yǎnjìng

중국어로 메시지 보내기

휴대폰에서 중국어를 입력하는 방법을 알아보겠습니다. 먼저 중문 폰트를 설정합니다. 휴대폰마다 설정 방식이 다를 수 있지만, 대부분 [환경설정] → [언어 및 입력] → [키보드]에서 중문 폰트를 내려 받을 수 있습니다. 아이폰은 [설정] → [일반] → [키보드]에서 중국어 간체를 선택합니다.

그런 후에는 휴대폰 자판에서 한글 → 영문 → 중문 순으로 변환할 수 있습니다. 중문으로 설정하고, '선생님(老师)'을 입력해 볼까요? 老师의 한어병음을 laoshi라고 입력합니다. 그러면 laoshi로 발음하는 중국어 단어가 모두 나옵니다. 이중에서 老师를 선택하면 입력이 됩니다. 컴퓨터에서 중국어로 입력하는 방법도 이와 같이 영문 발음으로 입력해서 중국어를 선택합니다.

我在公园。

▶ 我在 。

워 짜이 지아
- **我在家。**
  Wǒ zài jiā.

워 짜이 꽁 위엔
- **我在公园。**
  Wǒ zài gōngyuán.

니 짜이 이 위엔 마
- **你在医院吗?**
  Nǐ zài yīyuàn ma?

워 짜이 쥐 민 쭝 신
- **我在居民中心。**
  Wǒ zài jūmínzhōngxīn.

말하기 공식

我 + 在 + 장소 。

나는 __________ 에 있어요.

在[짜이]는 '~에 있다'라는 뜻의 동사입니다. 在 뒤에 공원이나 집 같은 장소를 넣으면 '~에 있다'라고 말할 수 있습니다. '나는 집에 있다'라고 하려면 我在 뒤에 집을 뜻하는 단어 家[지아]를 넣으면 됩니다. 반대로 '~에 있지 않다'고 말하려면 동사 앞에 不[부]를 넣어서 不在[부짜이]로 쓰면 됩니다. "나는 집에 없어요"는 我不在家。[워 부짜이 지아]라고 말하면 돼요.

나는 공원에 있어요.

'~에 있다'라는 단어를 사용해 어느 장소에 있는지 말해봅시다.

나는 집에 있어요.

나는 공원에 있어요.

당신은 병원에 있어요?

나는 주민센터에 있어요.

새로 나온 단어

在 [zài : 짜이] ~에 있다
家 [jiā : 지아] 집
公园 [gōngyuán : 꿍위엔] 공원
医院 [yīyuàn : 이위엔] 병원
居民中心 [jūmínzhōngxīn : 쥐민쭝신] 주민센터

'서비스센터'는 중국어로 뭐라고 할까요?
서비스는 服务[푸우], 센터는 中心[쭝신]이라고 해요. 그러므로 서비스센터는 服务中心[푸우쭝신]입니다.

알아두기

■ '센터'는 중국어로 中心

'주민센터'는 중국어로 어떻게 말하면 될까요? '주민'은 중국어로 居民[쥐민]인데, 문제는 '센터'네요. 센터(center)는 영어로 '중심'이라는 뜻이니까 中心[쭝신]으로 옮기면 됩니다. 따라서 '주민센터'는 중국어로 '居民中心[쥐민쭝신]'이라고 합니다.

■ 园과 院은 모두 yuan. 하지만 성조는 달라요

공원(公園)은 중국어로 公园이고, 병·의원(醫院)은 医院으로 씁니다. 园과 院은 모두 [yuan]으로 발음하지만 한자와 성조가 다르다는 점에 유의하세요.

존재를 나타내는 동사 在

설명을 잘 읽어보세요. 🎧 09-2. mp3

주어	동사 술어	목적어
我	在	公园。
나는	~에 있다	공원

앞에서 '~를 가지고 있다'라는 뜻의 동사로 有[여우]를 배웠습니다.❶ '~에 있다'라는 뜻의 동사 在[짜이] 뒤에 장소를 넣으면 '나는 ~에 있다'라는 뜻이 됩니다. 在의 반대말은 不在[부짜이]입니다. 따라서 '나는 ~에 있지 않다'라고 하려면 我不在 다음에 장소를 써서 말합니다.

❶ 有와 在는 달라요!
'나는 휴대폰이 있어요(我有手机。)'와 '나는 공원에 있어요(我在公园。) 모두 같은 '있어요'지만, 소유의 有와 존재의 在를 구분해주세요.

我在邮局。
[Wǒ zài yóujú. 워 **짜이** 여우쥐]
나는 우체국에 있어요.

我在银行。
[Wǒ zài yínháng. 워 **짜이** 인항]
나는 은행에 있어요.

확인하기

✓ '나는 공원에 없어요'란 말을 바르게 쓴 문장을 고르세요.

(1) 我在公园。 [Wǒ zài gōngyuán.]
(2) 我不在公园。 [Wǒ búzài gōngyuán.]

해설 대부분의 중국어 동사를 '~가 아니다'라고 부정형으로 만들 때에는 不[부]를 붙입니다. 따라서 在[짜이]의 부정형은 不在[부짜이]입니다.

정답 (2)

빈칸에 단어를 넣어 말해보세요.　　🎧 09-3. mp3

我在公园。
Wǒ zài gōngyuán.
나는 공원에 있어요.

酒店 ❶
[jiǔdiàn : 지우띠엔]
我在 __________ 。
나는 호텔에 있어요.

商店
[shāngdiàn : 샹띠엔]
我在 __________ 。
나는 상점에 있어요.

书店
[shūdiàn : 슈띠엔]
我在 __________ 。
나는 서점에 있어요.

电影院
[diànyǐngyuàn : 띠엔잉위엔]
我在 __________ 。
나는 영화관에 있어요.

❶ 酒店은 술집이다? 아니에요!

중국 거리에서 흔히 보이는 酒店[jiǔdiàn]이라고 쓰인 간판을 보고 '주점=술집'이라고 생각하면 안 됩니다. 중국에서 酒店은 '호텔'이라는 사실, 꼭 기억하세요!

'학교'와 '도서관'도 우리나라에서 쓰는 한자와 중국에서 쓰는 한자가 비슷합니다.
학교(學校)는 学校, 도서관(圖書館)은 图书馆으로 쓰지요.

📍 단어 더하기

■ 장소　🎧 09-4. mp3

酒店 [jiǔdiàn : 지우띠엔] 호텔　　**商店** [shāngdiàn : 샹띠엔] 상점

书店 [shūdiàn : 슈띠엔] 서점　　**电影院** [diànyǐngyuàn : 띠엔잉위엔] 영화관

学校 [xuéxiào : 쉬에시아오] 학교　　**餐厅** [cāntīng : 찬팅] 식당

图书馆 [túshūguǎn : 투슈관] 도서관　　**火车站** [huǒchēzhàn : 훠처짠] 기차역

a로 시작하는 운모

다음 발음을 듣고 따라해보세요.　🎧 09-5. mp3

ai　ao　an　ang

❶ 단어 알기
ài 爱
nǎinai 奶奶
hǎo 好
dào 到
sān 三
kàn 看
máng 忙

a는 입을 크게 벌리고 '아'하고 발음합니다.

ai에서 a는 [아], i는 [이]로 발음하므로, [아이]로 발음합니다.
ao에서 a는 [아], o는 [오]로 발음하므로, [아오]로 발음합니다.
an은 [아]에 코에서 나는 소리 n을 붙여 [안]으로 발음합니다.
ang은 [아]에 코와 목에서 나는 소리 ng을 붙여 [앙]으로 발음합니다.

💡 다음 발음이 들어간 단어를 듣고 따라해보세요.❶

ài 사랑하다	nǎinai 할머니
hǎo 안녕하다, 좋다	dào 도착하다
sān 3, 셋	kàn 보다
máng 바쁘다	

확인하기

✓ 발음을 듣고 운모가 <u>다른</u> 하나를 고르세요.

(1)	(2)	(3)	(4)

해설 (1) ài, (2) nǎinai, (3) mǎi, (4) hǎo로, 모두 운모가 ai인 반면 (4)만 운모가 ao입니다.

정답 (4)

2성으로 시작하는 3음절 단어와 구

다음 발음을 듣고 따라해보세요. 🎧 09-6. mp3

2성과 각각 다른 성조로 결합된 3음절 단어나 구를 통해 성조를 연습해봅시다. 여러 성조가 어우러지지만, 각각의 성조를 그 음에 맞게 정확하게 발음해보세요. 특히 3성 뒤에 3성이 오면, '2성+3성'으로 발음한다는 것에 주의하세요.

2성 + 1성 + 3성	mámāmǎ	túshūguǎn❶ 도서관
2성 + 2성 + 2성	mámámá	Déguórén 독일 사람
2성 + 3성 + 3성	mámǎmǎ	xué Fǎyǔ❷ 프랑스어를 배우다
2성 + 4성 + 4성	mámàmà	xué huàhuà 그림 그리기를 배우다

❶ 단어 알기
túshūguǎn 图书馆
Déguórén 德国人
xué Fǎyǔ 学法语
xué huàhuà 学画画

❷ 3+3 = 2+3
Fǎyǔ가 '3성+3성'이므로 앞의 Fǎ를 2성으로 발음합니다.

확인하기

✓ 발음을 듣고 성조를 표시하세요.

[　　]　　　　　　[　　]　　　　　　[　　]
(1) meiyou shū　　　(2) Hanguocài　　　(3) shi dian ban

해설 (1) méiyǒu, (2) Hánguó, (3) shí diǎn bàn으로, 각각 '2성+3성', '2성+2성', '2성+3성+4성'입니다.

정답 (1) ˊ ˇ　(2) ˊ ˊ　(3) ˊ ˇ ˋ

▶ 정답과 해설은 217쪽에 있습니다.

1 우리말 뜻과 중국어에 맞게 빈칸에 알맞은 병음을 쓰세요.

(1) 공원　　　　　　　　(2) 병원　　　　　　　　(3) 집

公园 __________　　　　医院 __________　　　　家 __________

2 다음 퍼즐에서 빈칸에 공통으로 들어갈 중국어를 써 넣으세요.

가로　① 서점

세로　② 상점

② 商 shāng

① 书 shū

3 다음 문장을 알맞은 우리말 뜻과 연결하고 세 번씩 읽어보세요.

(1) Wǒ zài jiā.　　　•　　　　　•　나는 집에 있어요.

(2) Wǒ zài gōngyuán.　•　　　　　•　나는 병원에 있어요.

(3) Wǒ zài yīyuàn.　　•　　　　　•　나는 공원에 있어요.

4 다음 빈칸에 들어갈 알맞은 중국어를 쓰세요.

　　　　yī
(1) 你在 ☐ 院吗?

　　　　háng
(2) 我在银 ☐ 。

　　　　diàn
(3) 我在 ☐ 影院。

컴퓨터에서 중국어 입력하기

컴퓨터에서 중국어를 입력하는 방법을 알아볼까요?

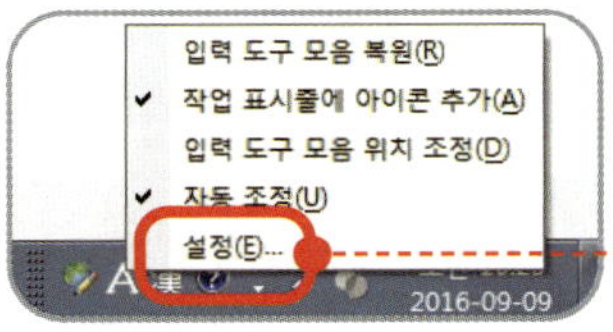

❶ 컴퓨터의 작업표시줄(제일 하단 가로줄 오른쪽)의 '가(또는 A)'에 커서를 두고 마우스 오른쪽 버튼을 누르면 작은 창이 뜹니다. 상자가 나오면 목록 맨아래에 있는 '설정'을 누릅니다.

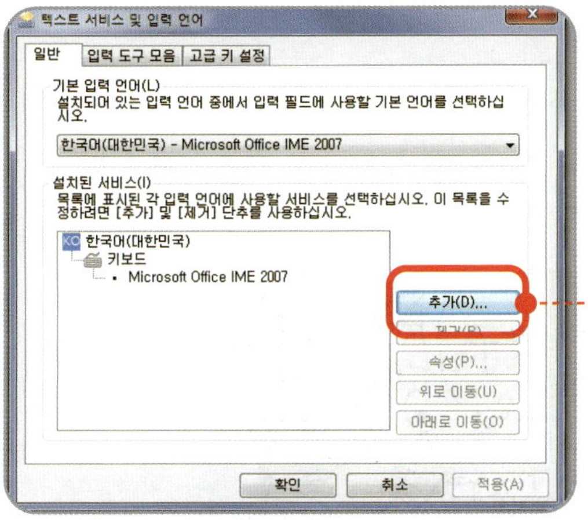

❷ '텍스트 서비스 및 입력 언어'라는 창이 뜨면 '추가'를 누릅니다.

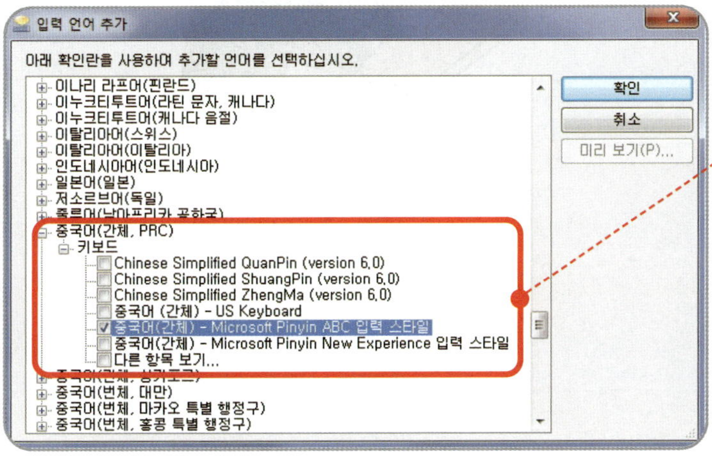

❸ 추가 버튼을 누르면 다양한 외국어가 나옵니다. 가나다 순으로 내려가 '중국어'를 찾아 바로 앞의 ⊞를 누르고 '중국어(간체, PRC)'를 선택한 다음 '키보드'를 찾아 ⊞를 누릅니다. 다시 목록에서 '중국어(간체)'를 찾아 체크합니다.

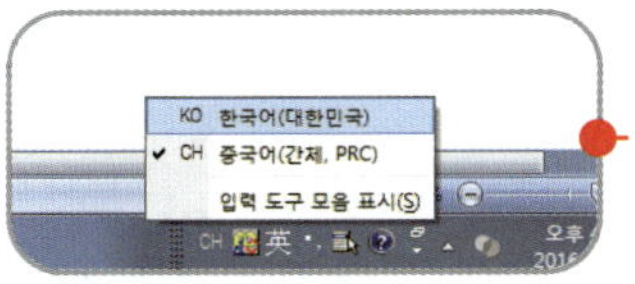

❹ 다시 '텍스트 서비스 및 입력 언어' 창으로 돌아와 아래쪽 '적용'을 누르고 '확인'을 누르면 작업표시줄에 KO 표시가 생깁니다.

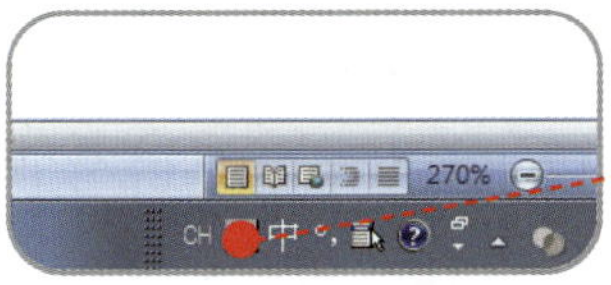

❺ 입력할 때는 KO를 눌러 'CH(중국어)'로 설정하고 英도 한 번 눌러 中이 나오게 한 뒤에, 병음을 치면 중국어로 입력됩니다.

10 我学汉语。

▶ 我学 ________ 。

워 쉬에 한 위
● **我学汉语。**
Wǒ xué Hànyǔ.

워 쉬에 르 위
○ **我学日语。**
Wǒ xué Rìyǔ.

워 쉬에 잉 위
● **我学英语。**
Wǒ xué Yīngyǔ.

워 뿌 쉬에 한 위
○ **我不学韩语。**
Wǒ bù xué Hányǔ.

말하기 공식

我 + 学 + 언어(공부 내용) 。

나는 ________ 를 공부해요.

学[쉬에]는 '공부하다'라는 뜻의 동사로, 学[쉬에] 뒤에 공부하는 내용을 넣어서 '~을 공부한다'라고 말할 수 있습니다. 공부할 내용으로는 영어나 수학 같은 학문 분야가 와도 되고, 춤이나 요리 같은 활동을 배울 때에도 学를 쓸 수 있습니다. 반대로 '공부하지 않는다'라고 말하려면 동사 앞에 不[뿌]를 넣어 不学[뿌 쉬에]라고 하면 됩니다.

나는 중국어를 공부해요.

'공부하다'라는 단어를 사용해 말해봅시다.

나는 중국어를 공부해요.

나는 일본어를 공부해요.

나는 영어를 공부해요.

나는 한국어를 공부하지 않아요.

새로 나온 단어

学 [xué : 쉬에] 공부하다
汉语 [Hànyǔ : 한위] 중국어
日语 [Rìyǔ : 르위] 일본어
英语 [Yīngyǔ : 잉위] 영어
韩语 [Hányǔ : 한위] 한국어

'한국'은 韩国[한궈], '영국'은 英国[잉궈]였죠? 나라 이름 뒤에 语[위]만 붙이면 그 '나라말'이 됩니다. '한국어'는 韩语, '영어'는 英语입니다. 그러나 '중국어'는 中语가 아니라 汉语[한위] 혹은 中国语[쭝궈위]라고 합니다.

알아두기

■ 중국어도 '한위', 한국어도 '한위'

'중국어'를 뜻하는 汉语와 '한국어'를 뜻하는 韩语는 모두 [한위]라고 발음합니다. 그래서 구분을 하려면 높낮이를 잘 발음해야 하지요. '중국어' 汉语의 [한]은 아래로 확 떨어지는 4성, '한국어' 韩语의 [한]은 위로 올라가는 2성으로 발음해야 합니다.

'공부하다'는 동사 学

설명을 잘 읽어보세요.　　　🎧 10-2. mp3

주어	동사 술어	목적어
我	学	汉语。
나는	공부한다	중국어를

学[쉬에]❶는 '공부하다'라는 뜻의 동사입니다. 비슷한 뜻의 동사로 学习 [쉬에시], 读书[두슈], 念书[니엔슈]도 있습니다. 반대로 '공부하지 않는다' 라고 하려면 不를 넣어 不学[뿌 쉬에]라고 말합니다.

我学电脑。
[Wǒ xué diànnǎo.
워 쉬에 띠엔나오]
나는 컴퓨터를 공부해요.

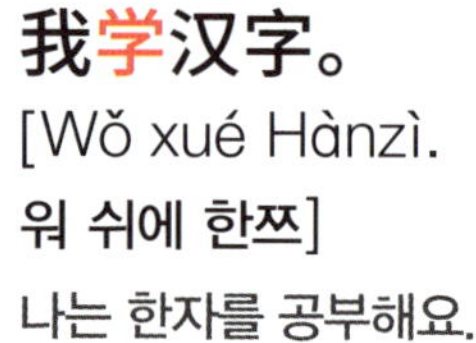

我学汉字。
[Wǒ xué Hànzì.
워 쉬에 한쯔]
나는 한자를 공부해요.

❶ 学生은 학생
중국어로 '학생'이라는 단 어는 한국식 한자와 글자 가 같습니다. 즉, 学生이 라고 쓰고 xuésheng[쉬 에셩]이라고 발음합니다.

확인하기

✓ 我学(　　)。라는 문장에서 괄호 안에 들어갈 단어로 적당하지 <u>않은</u> 것을 고르세요.

(1) 汉语 [Hànyǔ]　　(2) 韩语 [Hányǔ]　　(3) 汉字 [Hànzì]　　(4) 医院 [yīyuàn]

해설 学는 '~을 공부하다'라는 의미이기 때문에 뒤에는 공부할 내용이 옵니다. 따라서 汉语(중국어), 韩语(한국어), 汉字(한자)는 괄호 안에 올 수 있습니다. 하지만 医院은 '병원'이라는 뜻으로 장소 를 나타내기 때문에 맞지 않습니다.

정답 (4)

빈칸에 단어를 넣어 말해보세요. 🎧 10-3. mp3

我学汉语。
Wǒ xué Hànyǔ.
나는 중국어를 공부해요.

书法
[shūfǎ : 슈파]
我学 __________。
나는 서예를 공부해요.

画儿❶
[huàr : 활]
我学 __________。
나는 그림을 공부해요.

德语
[Déyǔ : 더위]
我学 __________。
나는 독일어를 공부해요.

法语
[Fǎyǔ : 파위]
我学 __________。
나는 프랑스어를 공부해요.

❶ 儿[얼]
儿[얼]은 앞의 운모와 결합하여 하나의 음절로 발음됩니다. 즉 画儿의 경우 'hua[화]+er[얼]= huàr[활]'로 발음합니다.

6과에서 '태국'은 泰国, '프랑스'는 法国, '독일'은 德国라고 배웠지요? 그 나라말을 나타낼 때에는 国를 떼고 语를 붙여 泰语, 法语, 德语로 말합니다. 스페인은 西班牙이므로 '스페인어'는 西班牙语라고 합니다.

📍 **단어 더하기**

■ 공부 내용 🎧 10-4. mp3

书法 [shūfǎ : 슈파] 서예   画儿❶ [huàr : 활] 그림

德语 [Déyǔ : 더위] 독일어   法语 [Fǎyǔ : 파위] 프랑스어

泰语 [Tàiyǔ : 타이위] 태국어   西班牙语 [Xībānyáyǔ : 시빤야위] 스페인어

围棋 [wéiqí : 웨이치] 바둑   舞蹈 [wǔdǎo : 우다오] 춤, 무용

e로 시작하는 운모

다음 발음을 듣고 따라해보세요. 🎧 10-5. mp3

e   en   eng   er

e는 영어 e와는 다른 발음으로, [으어]라고 발음합니다.

en는 e[으어]에 코에서 나는 소리 n을 붙여 [언]으로 발음합니다.
eng은 e[으어]에 코에서 나는 소리 ng을 붙여 [엉]으로 발음합니다.
er은 혀끝이 입천장에 닿지 않게 위로 들어 올려 [얼]로 발음해야 합니다.

✦ 다음 발음이 들어간 단어를 듣고 따라해보세요. ❶

è 배고프다	zhè 이것, 이 사람
mén 문	gēn ~와
lěng 춥다	děng 기다리다
èr 2, 둘	érzi 아들

❶ 단어 알기
è 饿
zhè 这
mén 门
gēn 跟
lěng 冷
děng 等
èr 二
érzi 儿子

확인하기

☑ 아래 발음 중 e를 <u>다르게</u> 발음해야 하는 단어를 고르세요.

(1) gēge   (2) jiějie   (3) èrshí   (4) pèng

해설 e, er, eng의 e는 [으어]로 발음하지만, ie, ei, üe의 e는 [에]로 발음합니다.

정답 (2)

e가 다른 운모와 같이 나올 때

다음 발음을 듣고 따라해보세요.　🎧 10-6. mp3

ie　　ei　　üe

e는 [으어]로 발음하지만, e가 다른 운모와 같이 올 때는 [에]로 발음합니다. 즉, ie는 [이에]로, ei는 [에이]로, üe는 [위에]로 발음합니다.❶

다음 발음이 들어간 단어를 듣고 따라해보세요.❷

qiézi 가지	jiějie 언니, 누나
fēi 날다	lèi 피곤하다
shěnglüè 생략하다	

❶ **성조 표시**

ie, ei, üe에 성조를 표시할 때는 성조 표기 순서에 따라 e에 합니다. 참고로 성조 표기 순서는 입을 크게 벌리는 순서대로 a > o, e > i, u, ü이지요.

❷ **단어 알기**
qiézi 茄子
jiějie 姐姐
fēi 飞
lèi 累
shěnglüè 省略

확인하기

✓ 발음을 듣고 성조를 표시하세요.

　　　[　　]　　　　[　　]　　　　[　　]
　(1) meimei　　(2) xiexie　　(3) xue

해설 (1) mèimei, (2) xièxie, (3) xué이므로, 각각 4성, 4성, 2성입니다. 운모가 연달아 나올 때에 성조는 a > o, e > i, u, ü 순으로 먼저 표시합니다.

정답 (1) ＼　(2) ＼　(3) ／

10 我学汉语。

▶ 정답과 해설은 218쪽에 있습니다.

1 우리말 뜻과 중국어에 맞게 빈칸에 알맞은 병음을 쓰세요.

(1) 영어　　　　　　　　(2) 한자　　　　　　　　(3) 공부하다

　　英语 __________　　　　汉字 __________　　　　学 __________

2 다음 퍼즐에서 빈칸에 공통으로 들어갈 중국어를 쓰세요.

가로 ① 중국어

세로 ② 한국어

	② 韩 Hán
① 汉 Hàn	

3 다음 문장을 알맞은 우리말 뜻과 연결하고 세 번씩 읽어보세요.

(1) Wǒ xué Hànyǔ.　　•　　　　• 나는 한국어를 공부하지 않아요.

(2) Wǒ xué Rìyǔ.　　•　　　　• 나는 중국어를 공부해요.

(3) Wǒ bù xué Hányǔ.　•　　　　• 나는 일본어를 공부해요.

4 다음 빈칸에 들어갈 알맞은 중국어를 쓰세요.

(1) 我学 [　Rì　] 语。

(2) 我学汉 [　zì　] 。

(3) 我学 [　shū　] 法。

잰말놀이 上

"간장 공장 공장장은 강 공장장이고, 된장 공장 공장장은 장 공장장이다." 이처럼 빨리 발음하기 어려운 문장을 빠르게 말하는 놀이, 다들 한 번씩은 해보셨죠? 이런 놀이를 '잰 말놀이'라고 하는데, 중국어로는 绕口令 [rào kǒulìng: 라오 커우링]이라고 합니다. 아래 문장을 큰 소리로 읽어보세요. 🎧 10-7. mp3

妈妈骑马，马慢，
Māma qí mǎ, mǎ màn,
엄마가 말을 타요, 말이 느려요,

妈妈骂马慢。
māma mà mǎ màn.
엄마가 말이 느리다고 욕해요.

大哥个儿高，
Dà gē gèr gāo,
큰형은 키가 커요,

二哥个儿高，
Èr gē gèr gāo,
둘째 형은 키가 커요,

大哥二哥都个儿高。
Dà gē èr gē dōu gèr gāo.
큰형과 둘째 형 모두 키가 커요.

◆ 정답과 해설은 219~220쪽에 있습니다.

1 다음 표의 빈칸에 간체자나 병음, 우리말 뜻을 쓰세요.

단어	병음	뜻
老师		선생님
	zǎoshang	아침
饿	è	
	gāoxìng	기쁘다
胖		뚱뚱하다
姐姐	jiějie	
公园		공원
汉语	Hànyǔ	

2 아래 문장에 들어갈 단어를 [보기]에서 고르고 병음을 써 보세요.

[보기]　　有　　在　　是

(1) 我 ☐ 韩国人。　나는 한국 사람이에요.

Wǒ _______ Hánguórén.

(2) 我 ☐ 哥哥。　나는 오빠가 있어요.

Wǒ _______ gēge.

(3) 你 ☐ 医院吗?　당신은 병원에 있어요?

Nǐ _______ yīyuàn ma?

3 우리말 뜻에 맞게 알맞은 단어를 괄호 안에서 고르세요.

(1) 他(是 / 姓)金。　그는 김씨입니다.

(2) 我(有 / 没有)眼镜。　나는 안경이 없어요.

4 [보기]처럼 吗를 붙인 의문문을 '긍정+부정' 형태의 의문문으로 바꿔보세요.

[보기]   这个贵吗? = 这个贵不贵? 이거 비싸요?

(1) 这个大吗?   = ___________________?   이거 커요?

(2) 这个小吗?   = ___________________?   이거 작아요?

(3) 这个快吗?   = ___________________?   이거 빨라요?

5 다음 문장을 부정문으로 바꿔보세요.

(1) 我很忙。   → _______________________。

나는 바빠요.   나는 바쁘지 않아요.

(2) 我是中国人。   → _______________________。

나는 중국 사람이에요.   나는 중국 사람이 아니에요.

(3) 他很帅。   → _______________________。

그는 잘생겼어요.   그는 잘생기지 않았어요.

(4) 我有手机。   → _______________________。

나는 휴대폰이 있어요.   나는 휴대폰이 없어요.

6 제시된 단어를 순서에 맞게 문장으로 완성해보세요.

(1) 叫 / 我 / 孙悟空   → _______________________。

나는 손오공이라고 합니다.

(2) 汉语 / 不 / 我 / 学   → _______________________。

나는 중국어를 배우지 않습니다.

▶ 我想 ☐☐☐。

워 샹 취 쭝궈
● **我想去中国。**
Wǒ xiǎng qù Zhōngguó.

워 샹 마이 셔우 지
○ **我想买手机。**
Wǒ xiǎng mǎi shǒujī.

워 샹 츠 판
● **我想吃饭。**
Wǒ xiǎng chī fàn.

워 샹 흐어 카 페이
○ **我想喝咖啡。**
Wǒ xiǎng hē kāfēi.

我 + 想 + 동작 **。**

나는 ＿＿＿＿＿＿＿고 싶어요.

想[샹]은 '~하고 싶다'라는 뜻의 조동사입니다. 조동사는 동사 앞에 나와서 동사에 특정한 의미를 더해주지요. '가다'라는 동사 去[취] 앞에 想을 붙여주면 그냥 '가다'가 아니라 '가고 싶다'가 되어 앞으로 하고 싶은 것, 즉 희망이나 소망의 의미를 나타낼 수 있습니다.

나는 중국에 가고 싶어요.

'~고 싶다'라는 단어를 사용해 희망에 대해 말해봅시다.

나는 중국에 가고 싶어요.

나는 휴대폰을 사고 싶어요.

나는 식사를 하고 싶어요.

나는 커피를 마시고 싶어요.

새로 나온 단어

想 [xiǎng : 샹] ~하고 싶다
去 [qù : 취] 가다
饭 [fàn : 판] 밥
咖啡 [kāfēi : 카페이] 커피

去[qù]는 [추]로 발음하지 않게 주의하세요! ü 발음은 입 모양을 끝까지 동그랗게 유지하는 게 중요합니다. ü는 성모 j, q, x와 결합하면 위의 점 2개가 없어져 u로 표기하지만, 발음은 u[우]가 아니라 ü[위]로 해야 합니다.

알아두기

■ '커피'는 중국어로 '카페이'

커피를 중국어로는 咖啡[카페이]라고 합니다. 이는 coffee의 영어 발음과 가장 비슷한 중국어 발음을 가져온 것이죠. 그러면 '아메리카노', '까페라떼'와 '까페모카'는 중국어로 뭐라고 할까요? 아메리카노는 美式咖啡[메이스 카페이], 까페라떼는 拿铁咖啡[나티에 카페이], 까페모카는 摩卡咖啡[모카 카페이]라고 합니다. 역시 비슷한 발음을 빌려쓴 것이지요.

희망을 나타내는 조동사 想

설명을 잘 읽어보세요. 🎧 11-2. mp3

주어	조동사	동사 술어	목적어
我	想	去	中国。
나는	~고 싶다	가다	중국

想[샹]은 '~하고 싶다'라는 뜻의 조동사입니다. 조동사란 동사를 도와주는 역할을 하기 때문에, 그 뒤에는 반드시 동사가 나와야 합니다. 想 뒤에 동사가 나오지 않고 목적어가 오면 '~하고 싶다'가 아니라 '그립다'라는 뜻의 동사가 되니까 주의하세요.❶

❶ 동사 想
想 뒤에 목적어가 바로 오면 想은 '그립다'라는 뜻이 됩니다. 예를 들어 我想中国。는 '나는 중국이 그립다'라는 뜻이 돼요.

我吃年糕。
[Wǒ chī niángāo.
워 츠 니엔까오]
나는 떡을 먹어요.

我想吃年糕。
[Wǒ xiǎng chī niángāo.
워 샹 츠 니엔까오]
나는 떡을 먹고 싶어요.

확인하기

✅ 我想(　)。라는 문장에서 괄호 안에 들어갈 단어로 적당하지 <u>않은</u> 것을 고르세요.

(1) 去 [qù] 가다　　(2) 吃 [chī] 먹다　　(3) 饭 [fàn] 밥　　(4) 喝 [hē] 마시다

해설 想[샹]은 '~하고 싶다'는 의미의 조동사입니다. 그러므로 뒤에는 꼭 동사가 나와야 합니다. 饭[판]은 '밥'이라는 뜻의 명사니까 조동사 뒤에 올 수 없어요.

정답 (3)

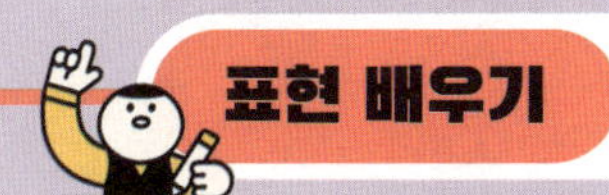

일상 동작 上

빈칸에 단어를 넣어 말해보세요.　🎧 11-3. mp3

❶ 중국어의 기본 동사

是 [shì] ～이다
有 [yǒu] 갖고 있다
去 [qù] 가다
在 [zài] ～에 있다
看 [kàn] 보다
吃 [chī] 먹다
喝 [hē] 마시다
听 [tīng] 듣다
说 [shuō] 말하다
学 [xué] 배우다
写 [xiě] 쓰다
买 [mǎi] 사다

我想**去中国**。
Wǒ xiǎng qù Zhōngguó.
나는 중국에 가고 싶어요.

看❶电影

[kàn diànyǐng : 칸 띠엔잉]

我想 __________ 。

나는 영화를 보고 싶어요.

听音乐

[tīng yīnyuè : 팅 인위에]

我想 __________ 。

나는 음악을 듣고 싶어요.

拍照片

[pāi zhàopiàn : 파이 짜오피엔]

我想 __________ 。

나는 사진을 찍고 싶어요.

点菜

[diǎn cài : 디엔 차이]

我想 __________ 。

나는 음식을 주문하고 싶어요.

📍 단어 더하기

■ 일상 동작　🎧 11-4. mp3

看电影 [kàn diànyǐng : 칸 띠엔잉] 영화를 보다	**听音乐** [tīng yīnyuè : 팅 인위에] 음악을 듣다
拍照片 [pāi zhàopiàn : 파이 짜오피엔] 사진을 찍다	**点菜** [diǎn cài : 디엔 차이] 음식을 주문하다
说汉语 [shuō Hànyǔ : 슈어 한위] 중국어를 말하다	**写汉字** [xiě Hànzì : 시에 한쯔] 한자를 쓰다
买衣服 [mǎi yīfu : 마이 이푸] 옷을 사다	**喝茶** [hē chá : 흐어 차] 차를 마시다

i로 시작하는 운모 上

다음 발음을 듣고 따라해보세요.　🎧 11-5. mp3

yi ia ie iao iou(iu)

i는 음절의 첫머리에 오면 단독으로 쓸 수 없기 때문에 y를 앞에 붙여 yi라고 씁니다. 발음은 원래 운모 i 발음 그대로 [이]라고 발음합니다.

ia는 [이아]로 발음합니다. 즉 [이]를 발음하다가 곧 입을 크게 벌려 [아]라고 발음합니다.

ie는 [이에]로 발음합니다. 즉 [이]를 발음하다가 곧 입을 벌려 [에]라고 발음합니다.❶

iao는 [이아오]로 발음합니다. 즉 [이]를 발음하다가 곧 [아오]라고 발음합니다.

iou는 성모와 결합하면 줄여서 iu라고 쓰고, 발음도 [이우]로 발음합니다.

ia, ie, iao, iou 모두 음절의 첫머리에 오면 i를 y로 바꾸어 각각 ya, ye, yao, you❷로 표기합니다.

❶ ie
e는 대부분 [으어]로 발음하지만, ie는 [이에]로 발음하지요.

❷ you
iou는 성모와 결합하면 iu가 되어 [이우]로 발음하지만, 성모와 결합하지 않고 음절 첫머리에 오면 you로 쓰고 발음도 [여우]로 발음합니다.

확인하기

☑ 아래 발음을 1성, 2성, 3성, 4성, 경성으로 <u>모두</u> 발음해보세요.

(1) jiā / jiá / jiǎ / jià / jia　　　　(2) xiāo / xiáo / xiǎo / xiào / xiao

해설 앞에서 배운 대로 1성은 '솔'음으로, 2성은 "네?"하고 묻듯이 끝을 올려서, 3성은 뭔가를 깨달은 것처럼 "아~"하고 내렸다가 올려서, 4성은 화가 났을 때처럼 "야!"하고 내리꽂아서 발음하세요. 경성은 짧고 가볍게 발음합니다. 녹음을 듣고 정확한 발음을 확인하세요.

3성으로 시작하는 3음절 단어와 구

다음 발음을 듣고 따라해보세요.

🎧 11-6. mp3

3성으로 시작하는 3음절 단어를 발음해봅시다. 3성 뒤에 1성, 2성, 4성, 경성이 오면 앞의 3성은 반만 내려가는 반3성으로만 발음한다는 것에 주의하세요.

3성 + 1성 + 1성	mǎmāmā	Wǒ tīng gē.❶ 나는 노래를 듣는다.
3성 + 2성 + 2성	mǎmámá	Měiguórén 미국 사람
3성 + 3성 + 1성	mǎmǎmā	mǎi shǒujī 휴대폰을 사다
3성 + 4성 + 4성	mǎmàmà	Wǒ qù nàr. 나는 거기에 간다.

❶ 어구 알기

Wǒ tīng gē.
我听歌。

Měiguórén
美国人

mǎi shǒujī
买手机

Wǒ qù nàr.
我去那儿。

확인하기

✓ 다음 3성으로 시작하는 단어 중에서 앞의 3성이 2성으로 바뀌는 것을 고르세요.

(1) Wǒ tīng　　　(2) Měiguó　　　(3) Wǒ mǎi　　　(4) Wǒ qù

해설 '3성+3성'은 '2성+3성'으로, 즉 앞의 3성을 2성으로 발음합니다. (3)이 '3성+3성'이지요. 나머지 (1), (2), (4)는 앞의 3성을 반3성으로 바꾸어 발음해요.

정답 (3)

▶ 정답과 해설은 221쪽에 있습니다.

1 다음 단어의 병음을 잘못 표시한 것을 고르고, 바르게 고치세요.

(1) 电影[diànyìng] 영화　　(2) 音乐[yīnyuè] 음악　　(3) 照片[zhàopiàn] 사진

2 A는 동작을 나타내고, B는 목적어를 나타냅니다. 우리말 뜻에 맞게 알맞은 동작과 목적어를 짝지어서 쓰세요.

A: 동작	B: 목적어	
去 [qù]	饭 [fàn]	手机 [shǒujī]
吃 [chī]	中国 [Zhōngguó]	日本 [Rìběn]
买 [mǎi]	年糕 [niángāo]	衣服 [yīfu]

(1) 중국에 가다　　_____________　　(2) 일본에 가다　　_____________

(3) 밥을 먹다　　_____________　　(4) 떡을 먹다　　_____________

(5) 휴대폰을 사다　　_____________　　(6) 옷을 사다　　_____________

3 아래 문장에 공통으로 들어갈 단어와 병음을 [보기]에서 골라 쓰세요.

[보기]	不[bù]	很[hěn]	想[xiǎng]	是[shì]

我 ☐ 拍照片。　나는 사진을 찍고 싶어요.

Wǒ _______ pāi zhàopiàn.

我 ☐ 点菜。　나는 음식을 주문하고 싶어요.

Wǒ _______ diǎn cài.

잰말놀이 下

이번에는 좀 더 어려운 발음이 나오는 잰말놀이 문장입니다. shi 발음과 si 발음이 연속되지요. shi는 r을 발음하듯이 혀를 동그랗게 만 상태에서 [스]라고 발음합니다. si는 입술을 펴고 혀끝을 앞니 뒤에 붙이며 한국어 '쓰다'의 '쓰'처럼 발음합니다. shi 발음과 si 발음을 구분하는 데에 주의해서 아래 문장을 읽어보세요. 🎧 11-7. mp3

四是四，十是十。
Sì shì sì, shí shì shí.
4는 4이고, 10은 10이다.

四不是十，十不是四。
Sì búshì shí, shí búshì sì.
4는 10이 아니고, 10은 4가 아니다.

十四是十四，四十是四十。
Shísì shì shísì, sìshí shì sìshí.
14는 14이고, 40은 40이다.

十四不是四十，四十不是十四。
ShíSì búshì sìshí, sìshí búshì shísì.
14는 40이 아니고, 40은 14가 아니다.

我会做中国菜。

▶ 我会 ☐☐☐。 ▶ 我不会 ☐☐☐。

🎧 12-1. mp3

워 후이 쭈어 쭝 궈 차이
● **我会做中国菜。**
Wǒ huì zuò Zhōngguócài.

워 후이 쭈어 한 궈 차이
○ **我会做韩国菜。**
Wǒ huì zuò Hánguócài.

워 후이 쭈어 르 번 차이
● **我会做日本菜。**
Wǒ huì zuò Rìběncài.

워 부 후이 쭈어 타이 궈 차이
○ **我不会做泰国菜。**
Wǒ bú huì zuò Tàiguócài.

我 + 会 + 동작 。

나는 __________을 할 줄 알아요.

会[후이]는 '(배워서) ~을 할 줄 안다'라는 뜻의 조동사입니다. 태어나면서부터 할 줄 아는 능력을 나타내는 것이 아니라, 학습이나 후천적 노력을 통해 할 수 있는 능력을 나타냅니다. '~을 할 줄 모른다'라고 하려면 会 앞에 '~가 아니다'라는 뜻을 나타내는 不[부]를 앞에 넣어 不会[부후이]로 말하면 됩니다.

나는 중국 음식을 만들 줄 알아요.

'~을 할 줄 안다'라는 단어를 사용해 능력에 대해 말해봅시다.

나는 중국 음식을 만들 줄 알아요.

나는 한국 음식을 만들 줄 알아요.

나는 일본 음식을 만들 줄 알아요.

나는 태국 음식을 만들 줄 몰라요.

새로 나온 단어

会 [huì : 후이] ~할 줄 알다
做 [zuò : 쭈어] 만들다
菜 [cài : 차이] 음식, 요리

부수로 초두머리 초(艹)가 오면 식물과 깊은 관련이 있어요. 꽃은 花[화], 풀은 草[차오], 차는 茶[차]라고 합니다.

알아두기

■ **菜는 '나물'이 아니라 '요리'**

菜(채)는 한자로 '나물'을 뜻하지만, 중국어로는 [차이]라고 읽고 '음식', '요리'란 의미로 씁니다. 한국 음식은 韩国菜[한궈차이], 중국 음식은 中国菜[쫑궈차이], 일본 음식은 日本菜[르번차이]라고 하면 됩니다.

■ **会는 '할 수 있다'도 되고 '모임'도 돼요**

会는 會(모일 회)의 간체자로, 동사 앞에서 '~할 수 있다'라는 의미를 더해주지요. 또한 '친목회'란 뜻의 联欢会[리엔환후이]에서처럼 '모임'이라는 의미도 있습니다.

능력을 나타내는 조동사 会

설명을 잘 읽어보세요.   🎧 12-2. mp3

주어	조동사	동사 술어	목적어
我	会	做	中国菜。
나는	~ 할 수 있다	만들다	중국 음식을

会[후이]는 '(배워서) ~을 할 수 있다'라는 뜻의 조동사입니다.❶ '~하고 싶다'라는 뜻을 더해주는 조동사 想[샹]과 마찬가지로 뒤에는 도움을 받는 동사가 나와야 합니다. 반대로 '~할 수 없다'는 不会[부후이]라고 합니다.

> ❶ **会의 또 다른 뜻**
> '会+동사'는 '~할 것이다'라는 뜻도 있습니다. 他会来。[Tā huì lái.]라고 하면 '그는 올 것이다'라는 뜻이 되지요.

我说汉语。
[Wǒ shuō Hànyǔ. 워 슈어 한위]
나는 중국어를 말해요.

我会说汉语。
[Wǒ huì shuō Hànyǔ.
워 후이 슈어 한위]
나는 중국어를 말할 줄 알아요.

✅ 아래 문장에서 '나는 중국어를 말할 줄 모른다'라는 의미의 문장을 고르세요.

> (1) 我会说汉语。 [Wǒ huì shuō Hànyǔ.]
> (2) 我不会说汉语。 [Wǒ bú huì shuō Hànyǔ.]

해설 会[후이]는 '~할 수 있다', 不会[부후이]는 '~할 줄 모른다'라는 뜻입니다. 따라서 不会가 들어간 我不会说汉语。가 정답입니다.

정답 (2)

116

빈칸에 단어를 넣어 말해보세요.　🎧 12-3. mp3

> ❶ 만들다 做
> '만들다'란 뜻의 동사로 做[쭈어]가 있습니다. '음식을 만들다'는 중국어로 做菜[쭈어 차이], '옷을 만들다'는 做衣服[쭈어 이푸]가 됩니다.

我会**做中国菜**。
Wǒ huì *zuò Zhōngguócài*.
나는 **중국 음식을 만들** 줄 알아요.

写汉字
[xiě hànzì : 시에 한쯔]

我会 __________ 。

나는 한자를 쓸 줄 알아요.

做❶衣服
[zuò yīfu : 쭈어 이푸]

我会 __________ 。

나는 옷을 만들 줄 알아요.

骑自行车
[qí zìxíngchē : 치 쯔싱처]

我会 __________ 。

나는 자전거를 탈 줄 알아요.

游泳
[yóuyǒng : 여우용]

我会 __________ 。

나는 수영을 할 줄 알아요.

> 画[화]는 '그림'이라는 명사도 되고, '그림을 그리다'라는 동사도 됩니다.

 단어 더하기

■ 동작(능력)　🎧 12-4. mp3

写汉字 [xiě hànzì : 시에 한쯔] 한자를 쓰다

骑自行车 [qí zìxíngchē : 치 쯔싱처] 자전거를 타다

唱歌 [chànggē : 창꺼] 노래하다

跳舞 [tiàowǔ : 티아오우] 춤을 추다

做衣服 [zuò yīfu : 쭈어 이푸] 옷을 만들다

游泳 [yóuyǒng : 여우용] 수영하다

画画儿 [huà huàr : 화 활] 그림을 그리다

开车 [kāichē : 카이처] 운전을 하다

i로 시작하는 운모 下

다음 발음을 듣고 따라해보세요. 🎧 12-5. mp3

❶ 단어 알기
jiàn 见
nín 您
xiǎng 想
míngzi 名字
xióng 熊

ian   in   iang   ing   iong

i와 여러 가지 운모가 결합한 복합운모입니다.

ian은 [이안]이 아니라 반드시 [이엔]으로 발음해야 합니다. 입술을 펴서 [이]라고 발음하고 이어서 [엔]이라고 발음합니다. in은 입술을 펴서 [인]으로 발음합니다. iang은 [이앙]으로 발음합니다. 입술을 펴서 [이]라고 발음하고 이어서 빨리 [앙]이라고 발음합니다. ing은 입술을 펴서 [잉]으로 발음합니다. iong은 입술을 조금 오므려 빨리 [이옹]이라고 발음합니다.

💡 **다음 발음이 들어간 단어를 듣고 따라해보세요.❶**

jiàn 만나다	nín 당신(你의 존칭)
xiǎng ~하고 싶다	míngzi 이름
xióng 곰	

✓ 녹음을 듣고 잘못 발음한 것을 고르세요.

(1) jiàn   (2) qián   (3) xiàn   (4) diàn

해설 (4) diàn은 [띠안]이 아니라 [띠엔]으로 발음해야 합니다.

정답 (4)

4성으로 시작하는 3음절 단어와 구

다음 발음을 듣고 따라해보세요. 🎧 12-6. mp3

4성으로 시작하는 3음절 단어와 구를 발음해봅시다. 여러 성조가 어우러지지만, 각각의 성조를 그 음에 맞게 정확하게 발음해보세요.

4성 + 1성 + 1성	màmāmā	qù cāntīng❶ 식당에 가다
4성 + 2성 + 2성	màmámá	Tàiguórén 태국 사람
4성 + 3성 + 1성	màmǎmā	mài shǒujī 휴대폰을 팔다
4성 + 4성 + 3성	màmàmǎ	kàn diànyǐng 영화를 보다

❶ 단어 알기

qù cāntīng 去餐厅
Tàiguórén 泰国人
mài shǒujī 卖手机
kàn diànyǐng 看电影

확인하기

☑ 발음을 듣고 성조를 표시하세요.

[ ]	[ ]	[ ]
(1) qù gongyuan	(2) kan diànyǐng	(3) mài dianshi

해설 (1) gōngyuán, (2) kàn, (3) diànshì로, 각각 '1성+2성', '4성', '4성+4성'입니다. (4) diànshì의 dian에서 운모 i와 a가 연달아 나오므로, 성조는 a에 표시합니다.

정답 (1) ー ／ (2) ＼ (3) ＼＼

▶ 정답과 해설은 222쪽에 있습니다.

1 다음 단어의 병음을 잘못 표시한 것을 고르고, 바르게 고치세요.

(1) 做[zuò] 만들다　　　　(2) 菜[cài] 음식, 요리　　　(3) 会[huí] ~할 수 있다

2 A는 동작을 나타내고, B는 목적어를 나타냅니다. 우리말 뜻에 맞게 알맞은 동작과 목적어를 짝지어서 쓰세요.

A: 동작	B: 목적어	
做[zuò]	汉语[Hànyǔ]	中国菜[Zhōngguócài]
说[shuō]	日语[Rìyǔ]	汉字[hànzì]
写[xiě]	衣服[yīfu]	

(1) 중국 음식을 만들다 ＿＿＿＿＿＿＿＿＿　　　(2) 옷을 만들다 ＿＿＿＿＿＿＿＿＿

(3) 중국어를 하다 ＿＿＿＿＿＿＿＿＿　　　(4) 일본어를 하다 ＿＿＿＿＿＿＿＿＿

(5) 한자를 쓰다 ＿＿＿＿＿＿＿＿＿

3 아래 문장에 공통으로 들어갈 단어와 병음을 [보기]에서 골라 쓰세요.

[보기]	是[shì]	想[xiǎng]	会[huì]

我 ☐ 做韩国菜。　나는 한국 요리를 만들 줄 알아요.

Wǒ ＿＿＿＿＿ zuò Hánguócài.

我不 ☐ 做泰国菜。　나는 태국 요리를 만들 줄 몰라요.

Wǒ bú ＿＿＿＿＿ zuò Tàiguócài.

4 다음 빈칸에 들어갈 부수를 [보기]에서 골라 쓰세요.

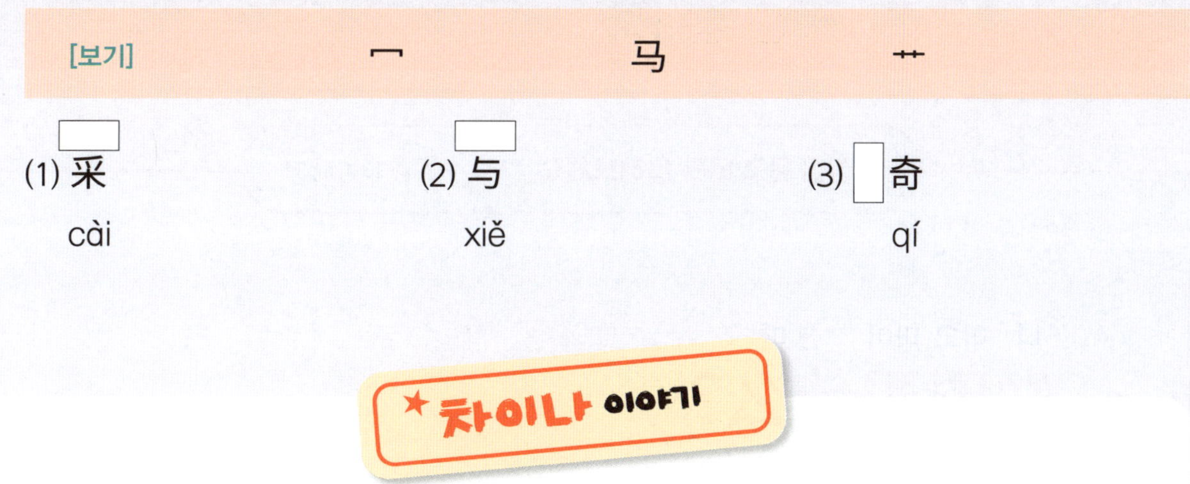

| [보기] | ㄱ | 马 | ⺮ |

(1) ☐采
cài

(2) ☐与
xiě

(3) ☐奇
qí

중국인이 좋아하는 숫자는?

2008년 중국에서 열린 베이징 올림픽은 8월 8일에 개막했는데요, 거기에는 이유가 있다고 합니다. 바로 중국 사람들이 숫자 8을 좋아하기 때문이라고 하네요. 그렇다면 중국 사람들은 왜 8을 좋아할까요?

중국 사람들이 어떤 숫자를 좋아하고 싫어하는지는 중국어 발음과 연관이 있습니다. 숫자 8의 발음은 [bā]입니다. '돈을 벌다'라는 뜻의 단어 发财[fā cái: 파 차이]에서 发[fā]의 발음이 8[bā]과 비슷한데, 돈을 번다는데 싫어할 사람 없겠죠? 그래서 중국 사람들은 숫자 8을 가장 좋아한다고 합니다. 중국에서는 전화번호, 휴대폰 번호, 차 번호는 물론 날짜와 집 주소까지, 8이 들어간 것이 인기가 많습니다. 그래서 888 번호판은 수십만 위안 프리미엄이 붙어요.

8 다음으로 좋아하는 숫자는 6과 9입니다. 숫자 6의 발음은 [liù]인데요, 이 발음은 流[liú: 리우] 자와 성조만 다르고 한어병음(발음기호)이 같습니다. 流에는 '물 흐르듯이 순조롭다'라는 의미가 있기 때문에, 6 또한 중국 사람들이 좋아하는 숫자가 되었어요.

숫자 9의 발음은 [jiǔ]입니다. 이 九[jiǔ: 지우]와 발음이 완전히 같은 중국어가 있는데, 바로 久[jiǔ]입니다. 久는 '오래다, 장수하다'는 의미가 있어서, 9 또한 중국 사람들이 아주 좋아합니다.

888 번호판은 수십만 위엔
프리미엄이 붙어요.

你要买什么?

▶ 你要 ⬜ 什么?

니 야오 마이 션 머
● **你要买什么?**
Nǐ yào mǎi shénme?

니 야오 츠 션 머
○ **你要吃什么?**
Nǐ yào chī shénme?

니 야오 흐어 션 머
● **你要喝什么?**
Nǐ yào hē shénme?

니 야오 쉬에 션 머
○ **你要学什么?**
Nǐ yào xué shénme?

말하기 공식

你 + 要 + 동작 + 什么?

당신은 무엇을 __________ 려고 해요?

什么[션머]는 '무엇, 무슨'이란 뜻의 의문대명사입니다. 要[야오]는 '~하려고 하다'라는 뜻의 조동사이지요. 要와 什么가 함께 쓰여 '(당신은) 무엇을 ~하려고 하나요?'라고 상대방의 의지나 앞으로 할 행동에 대해 물어볼 수 있습니다. '무엇'에 해당하는 什么가 문장 맨 끝에 오는 것에 주의하세요.

무엇을 사려고 해요?

'~를 하려고 하다'라는 단어를 사용해 계획에 대해 말해봅시다.

당신은 무엇을 사려고 해요?

당신은 무엇을 먹으려고 해요?

당신은 무엇을 마시려고 해요?

당신은 무엇을 배우려고 해요?

새로 나온 단어

要 [yào : 야오] ~하려고 하다
买 [mǎi : 마이] 사다
什么 [shénme : 션머] 무엇, 무슨
吃 [chī : 츠] 먹다
喝 [hē : 흐어] 마시다

사고 파는 것을 매매(賣買)라고 하죠? '매매'에서 앞 글자는 팔 매(賣), 뒷 글자는 살 매(買)입니다. 중국어에서도 '사다'는 mǎi(买), '팔다'는 mài(卖)로 발음이 같고 성조만 달라요.

알아두기

■ 의문문을 만드는 세 번째 방법, 의문대명사

의문문으로 말하는 방법을 배웠지요? 문장 끝에 吗[마]를 붙여 말하는 방법과(你好吗?잘 지내세요?), '긍정+부정?'의 형식으로 물어보는 방법이 있었습니다(你好不好?잘 지내세요?). 마지막으로, 你要买什么?[니 야오 마이 션머]처럼 단어 자체에 의문의 뜻이 있는 의문대명사를 이용해서 질문을 할 수도 있어요.

의문대명사 什么

설명을 잘 읽어보세요. 🎧 13-2. mp3

주어	조동사	동사 술어	목적어
你	要	买	什么?
너는	~하려고 하다	사다	무엇

什么[션머]는 '무엇, 무슨'이란 뜻의 의문대명사인데, 이 단어 자체가 의문을 나타내기 때문에 吗[마]❶를 붙이지 않아도 의문문이 됩니다. 要[야오]는 '~하려고 하다'라는 뜻의 조동사입니다. 그래서 이 문장은 '(당신은) 무엇을 사려고 하나요?'라는 뜻이 되지요. 你要买什么?에 대한 대답은 我要买手机。[워 야오 마이 셔우지] (나는 휴대폰을 사려고 해요)처럼 하면 됩니다.

❶ 吗로 물으면?
什么 대신에 吗를 붙여 你要买吗?[Nǐ yào mǎi ma?]라고 하면 '당신은 사려고 합니까?'라는 뜻이 되지요.

你要卖什么?
[Nǐ yào mài shénme?
니 야오 마이 션머]
당신은 무엇을 팔려고 해요?

你要写什么?
[Nǐ yào xiě shénme?
니 야오 시에 션머]
당신은 무엇을 쓰려고 해요?

확인하기

☑ '무엇, 무슨'이라는 의미로 의문을 나타내는 단어를 고르세요.

要 [yào]　　　什么 [shénme]　　　买 [mǎi]　　　卖 [mài]

해설 什么[션머]는 '무엇, 무슨'이라는 의미의 의문대명사입니다. 이 단어가 문장에 들어가면 의문문이 됩니다.

정답 什么

빈칸에 단어를 넣어 말해보세요.  13-3. mp3

你要买什么?
Nǐ yào mǎi shénme?
당신은 무엇을 사려고 해요?

看
[kàn : 칸]
你要 ＿＿＿＿ 什么?
당신은 무엇을 보려고 해요?

听
[tīng : 팅]
你要 ＿＿＿＿ 什么?
당신은 무엇을 들으려고 해요?

做❶
[zuò : 쭈어]
你要 ＿＿＿＿ 什么?
당신은 무엇을 하려고 해요?

点
[diǎn : 디엔]
你要 ＿＿＿＿ 什么?
당신은 무엇을 주문하려고 해요?

❶ zuò로 발음하는
단어들
동사 做(하다, 만들다), 坐
(앉다, 타다), 作(일하다)
는 발음이 모두 [zuò]로
성조까지 같습니다. 한자
가 달라 뜻이 다른 단어
들을 함께 공부해보세요.

做饭 [zuò fàn]
밥을 하다
坐车 [zuò chē]
차를 타다
工作 [gōngzuò]
일하다

 **단어 더하기**

■ 동작 동사 13-4. mp3

看 [kàn : 칸] 보다　　　　**听** [tīng : 팅] 듣다
做 [zuò : 쭈어] 하다, 만들다　　**点** [diǎn : 디엔] 주문하다
说 [shuō : 슈어] 말하다　　　**干** [gàn : 깐] 하다(=做와 같은 의미)
教 [jiāo : 지아오] 가르치다　　**读** [dú : 두] 읽다

다음 발음을 듣고 따라해보세요.　🎧 13-5. mp3

❶ 단어 알기
wǔ 五
huā 花
duō 多
kuài 快
suì 岁

wu　ua　uo　uai　uei(ui)

u는 음절의 첫머리에 오면 단독으로 쓸 수 없기 때문에 w를 앞에 붙여 wu 라고 씁니다. 발음은 원래 운모 u 발음 그대로 [우]라고 발음합니다.

ua는 입술을 둥글게 오므려 [우]를 발음하고 이어서 [아]를 발음합니다.
uo는 입술을 둥글게 오므려 [우]를 발음하고 이어서 [어]를 발음합니다.
uai는 입술을 둥글게 오므려 [우]를 발음하고 이어서 [아이]를 발음합니다.
uei는 [우웨이]로 발음하지만, 성모와 결합할 때는 e를 생략해 ui로 쓰며, 발음은 편의상 [우이]로 발음하기도 합니다.

ua, uo, uai, uei 모두 음절의 첫머리에 오면 u를 w로 바꾸어 각각 wa, wo, wai, wei 로 표기합니다.

 다음 발음이 들어간 단어를 듣고 따라해보세요.❶

wǔ 다섯, 5	huā 꽃	duō 많다
kuài 빠르다	suì 세, 살(나이를 세는 단위)	

확인하기

✓ 발음을 듣고 성조를 표시하세요.

　　　　[　]　　　　　[　]　　　　　[　]　　　　　[　]
　　　(1) hua　　　(2) sui　　　(3) wu　　　(4) kuai

해설 (1) huā, (2) suì, (3) wǔ, (4) kuài로, 각각 1성, 4성, 3성, 4성입니다. (2)에서는 u와 i가 같이 오면 뒤에 오는 운모에 성조 표시를 하므로 suì입니다. (4)에서는 a에 항상 먼저 표기하므로 kuài로 씁니다.

정답 (1) ━　(2) ﹨　(3) ∨　(4) ﹨

중국 성 발음하기 – 동북, 화북구편

다음 발음을 듣고 따라해보세요. 🎧 13-6. mp3

우리나라가 광역시와 도로 나뉘듯이, 중국의 지역은 성(省: shěng)으로 나뉩니다. 중국의 22개 성의 이름을 다섯 단원에 걸쳐 발음해봅시다.

❶ 黑龙江省　　Hēilóngjiāng shěng
　　　　　　　헤이 롱 지앙　　셩

❷ 吉林省　　　Jílín shěng
　　　　　　　지 린　　셩

❸ 辽宁省　　　Liáoníng shěng
　　　　　　　리아오 닝　　셩

❹ 河北❶省　　Héběi shěng
　　　　　　　흐어 베이　　셩

❺ 山西省　　　Shānxī shěng
　　　　　　　샨　시　　셩

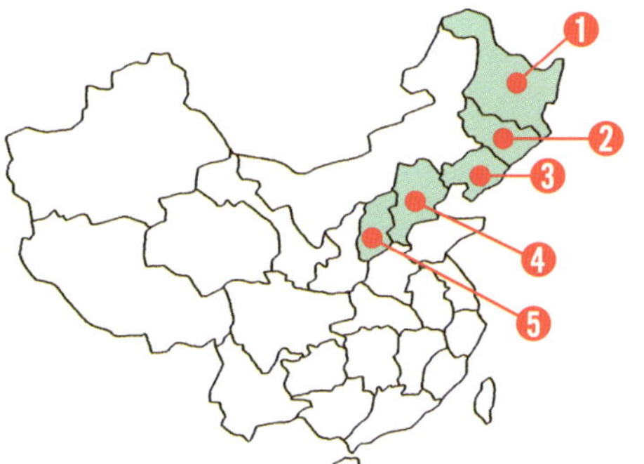

확인하기

☑ 발음을 듣고 한어병음을 써보세요.

　　　(1) Hé＿＿＿＿ shěng　　　　　(2) Shān＿＿＿＿ shěng

해설 (1) 河北省 [Héběi shěng], (2) 山西省 [Shānxī shěng]입니다.

정답 (1) běi　(2) xī

▶ 정답과 해설은 223쪽에 있습니다.

1 다음 단어의 병음을 잘못 표시한 것을 고르고, 바르게 고치세요.

(1) 喝[hē] 마시다　　　(2) 什么[shēnme] 무엇, 무슨　　　(3) 做[zuò] 하다, 만들다

2 우리말 뜻과 병음에 맞게 빈칸에 알맞은 중국어를 쓰세요.

(1) 사다　　　　　　　(2) 먹다　　　　　　　(3) 공부하다

☐ mǎi　　　　　　　☐ chī　　　　　　　☐ xué

3 아래 문장에 공통으로 들어갈 두 단어와 병음을 [보기]에서 골라 쓰세요.

[보기]	在[zài]	要[yào]	什么[shénme]	是[shì]

你 ☐ 点 ☐ ? 　당신은 무엇을 주문하려고 하세요?

Nǐ ______ diǎn __________?

你 ☐ 拍 ☐ ? 　당신은 무엇을 찍으려고 하세요?

Nǐ ______ pāi __________?

你 ☐ 看 ☐ ? 　당신은 무엇을 보려고 하세요?

Nǐ ______ kàn __________?

4 다음 빈칸에 들어갈 부수를 [보기]에서 골라 쓰세요.

[보기]	讠	十	口

(1) ☐斤　　　　　(2) ☐兑　　　　　(3) ☐买

　　tīng　　　　　　　shuō　　　　　　　mài

128

중국어 퍼즐 놀이

다음 퍼즐을 중국어로 완성하세요. ▶ 정답은 235쪽에 있습니다.

가로 열쇠

① 한국　③ 중국어　⑤ 지갑　⑧ 병원
⑨ 상점　⑩ (키가) 크다

세로 열쇠

② 중국　④ 일본어　⑥ 책가방　⑦ 영화관
⑩ 기쁘다　⑪ 호텔

▶ 我今年 ☐。 ▶ 我属 ☐。

워 진니엔 싼스
● 我今年30。
Wǒ jīnnián sānshí.

워 진니엔 싼스 쑤이
○ 我今年30岁。
Wǒ jīnnián sānshí suì.

워 슈 지
● 我属鸡。
Wǒ shǔ jī.

워 슈 허우
○ 我属猴。
Wǒ shǔ hóu.

我 + 今年 + 나이 。　　　　我 + 属 + 띠 。

나는 올해 _________예요.　　　　나는 _________띠예요.

나이를 말할 때는 주어 앞이나 뒤에 '올해'라는 뜻의 今年[진니엔]을 쓰고 나이에 해당하는 숫자를 말합니다. 今年처럼 시간을 나타내는 명사는 반드시 술어 앞에 써야 합니다. 띠를 말할 때는 '~띠에 속하다'라는 뜻의 동사 属[슈] 뒤에 띠에 해당하는 명사를 써서 말합니다.

나는 올해 30세예요.

나이와 띠를 말해봅시다.

나는 올해 삼십이에요.

나는 올해 30세예요.

나는 닭띠예요.

나는 원숭이띠예요.

새로 나온 단어

今年 [jīnnián : 진니엔] 올해
三 [sān : 싼] 3, 삼
十 [shí : 스] 10, 열
三十 [sānshí : 싼스] 30, 삼십
岁 [suì : 쑤이] 세, 살
属 [shǔ : 슈] ~띠이다
鸡 [jī : 지] 닭
猴 [hóu : 허우] 원숭이

'~띠입니다'라는 뜻의 属는
屬(무리 속)의 간체자입니다.
'~띠에 속하다'라는 의미지요.

알아두기

■ **금년, 작년, 내년**

'올해'는 중국어로 今年[진니엔]이라고 합니다. 그러면 '작년'과 '내년'은 중국어로 뭐라고 할까요? 작년은 '가다'란 뜻의 동사 去[취]를 써서, 去年[취니엔]이라고 합니다. '가버린 해'란 뜻이겠지요. 내년은 明年[밍니엔]이라고 합니다.

■ **중국어로 연도 읽는 법**

연도를 읽을 때는 숫자를 하나씩 읽습니다. 1982年은 [yī jiǔ bā èr nián]으로 읽습니다. 0은 중국어로 零[líng: 링]이라고 하므로, 2030年은 [èr líng sān líng nián]이라고 읽습니다.

是를 생략할 수 있는 명사 술어문

설명을 잘 읽어보세요. 🎧 14-2. mp3

주어	시간사	숫자
我	今年	30。
나는	올해	삼십이다

이 문장에서 술어는 30[싼스]라는 수사입니다. 나이를 말할 때 30과 같은 수사 뒤에 '~세'에 해당하는 岁[쑤이]는 생략할 수 있어요. 명사 술어문❶ 은 이처럼 술어 부분에 동사 없이 명사구(수사+명사)가 직접 술어가 되는 문장을 말합니다. '~이다'라는 뜻의 是[스]가 생략되었으므로, 부정문은 반드시 不是[부스]를 넣어 말해야 합니다.❷

我今年55岁。
[Wǒ jīnnián wǔshíwǔ suì.
워 진니엔 우스우 쑤이]
나는 올해 55세예요.

我今年不是66。
[Wǒ jīnnián búshì liùshíliù.
워 진니엔 부스 리우스리우]
나는 올해 66세가 아니에요.

확인하기

✓ 다음 중 '나는 올해 오십 세다'를 <u>잘못</u> 옮긴 문장을 고르세요.

(1) 我今年50岁。　　　(2) 我今年50。　　　(3) 我今年不50。

해설 술어 부분에 나이를 나타내는 수사가 올 때는 '~이다'라는 뜻을 나타내는 是[스]를 생략할 수 있습니다. 그러나 부정문일 때는 반드시 不是를 써서 말합니다. 즉 '나는 올해 오십 세가 아니다'라고 하려면 我今年不是50。라고 해야 합니다.

정답 (3) 我今年不50。

---

❶ 명사 술어문

명사 술어문은 주로 나이, 요일, 가격 등을 나타낼 때 쓰입니다.

❷ 생략된 是

我今年30。는 원래 我是今年30。이기 때문에, '나는 올해 삼십 세가 아니다'라고 말하려면 我今年不是30。이라고 씁니다.

빈칸에 단어를 넣어 말해보세요.　　🎧 14-3. mp3

我属鸡。
Wǒ shǔ jī.
나는 닭띠예요.

鼠
[shǔ : 슈]
我属 ＿＿＿。
나는 쥐띠예요.

牛❶
[niú : 니우]
我属 ＿＿＿。
나는 소띠예요.

虎
[hǔ : 후]
我属 ＿＿＿。
나는 호랑이띠예요.

兔
[tù : 투]
我属 ＿＿＿。
나는 토끼띠예요.

❶ **육류**
우리가 먹는 닭고기, 소고기, 돼지고기는 중국어로 뭐라고 할까요? '고기'는 肉 [ròu]라고 합니다. 닭고기는 鸡肉 [jīròu], 소고기는 牛肉[niúròu], 돼지고기는 猪肉[zhūròu]라고 하지요.

중국어 학습자들이 띠를 말할 때 가장 힘들어 하는 발음은 "나는 쥐띠입니다"인데요, 我属鼠。[Wǒ shǔ shǔ.]에서 앞의 Wǒ는 반3성으로 내리고, 두 번째와 세 번째 음절은 '3성+3성' 결합이므로 '2성+3성'으로 발음합니다.

📍 단어 더하기

■ 띠(십이지)　🎧 14-4. mp3

鼠 [shǔ : 슈] 쥐	龙 [lóng : 롱] 용	猴 [hóu : 허우] 원숭이
牛 [niú : 니우] 소	蛇 [shé : 셔] 뱀	鸡 [jī : 지] 닭
虎 [hǔ : 후] 호랑이	马 [mǎ : 마] 말	狗 [gǒu : 거우] 개
兔 [tù : 투] 토끼	羊 [yáng : 양] 양	猪 [zhū : 쭈] 돼지

u로 시작하는 운모 下

❶ 단어 알기

duǎn 短
huàn 换
kùn 困
Sūn 孙
huáng 黄
chuáng 床
wēng 翁

uan　uen(un)　uang　ueng

uan은 입술을 둥글게 오므려 [우]를 발음하고 이어서 [안]을 발음합니다.
uen은 [우언]으로 발음합니다. 성모와 결합할 때는 e를 생략해 un으로 씁니다.
uang은 입술을 둥글게 오므려 [우]를 발음하고 이어서 [앙]을 발음합니다.
ueng은 입술을 둥글게 오므려 [우]를 발음하고 이어서 [엉]을 발음합니다

uan, uen, uang, ueng 모두 음절의 첫머리에 오면 u를 w로 바꾸어 각각 wan, wen, wang, weng으로 표기합니다.

💡 다음 발음이 들어간 단어를 듣고 따라해보세요. ❶

duǎn 짧다	huàn 바꾸다	kùn 졸리다
Sūn 성씨 손	huáng 노랗다	chuáng 침대
wēng 노인, 영감		

확인하기

☑ 발음을 듣고 성조를 표시하세요.

[　]　　　　[　]　　　　[　]　　　　[　]
(1) kun　　　(2) weng　　　(3) duan　　　(4) chuang

해설 (1) kùn, (2) wēng, (3) duǎn, (4) chuáng으로, 각각 4성, 1성, 3성, 2성입니다.

중국 성 발음하기 – 화동구편

🎧 14-6. mp3

중국의 화동 지역에 위치한 여러 성의 이름을 발음해봅시다.

❶ 山❶东省   Shāngdōng shěng
         샨   똥   성

❷ 江苏省   Jiāngsū shěng
         지앙 쑤   성

❸ 安徽省   Ānhuī shěng
         안 후이   성

❹ 浙江省   Zhèjiāng shěng
         쩌 지앙   성

❺ 江西省   Jiāngxī shěng
         지앙 시   성

❻ 福建省   Fújiàn shěng
         푸 지엔   성

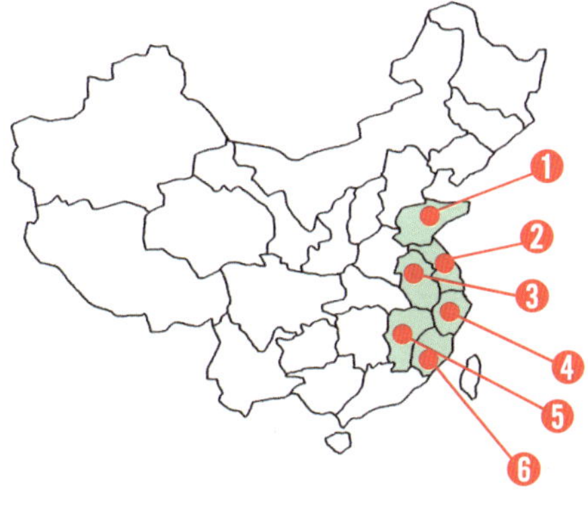

❶ 강과 하천, 산, 호수 읽기

강과 하천, 산, 호수는 중국어로 어떻게 말할까요? 강은 江[jiāng], 하천은 河[hé], 산은 山[shān], 호수는 湖[hú]라고 말합니다.

확인하기

✓ 발음을 듣고 공통으로 들어갈 한어병음을 써보세요.

(1) _______sū shěng   (2) Zhè_______ shěng   (3) _______xī shěng

해설 (1) 江苏省[Jiāngsū shěng], (2) 浙江省[Zhèjiāng shěng], (3) 江西省[Jiāngxī shěng]입니다.

정답 (1), (3) Jiāng   (2) jiāng

▶ 정답과 해설은 224쪽에 있습니다.

1 다음 숫자의 병음을 쓰세요.

(1) 4 ___________　　(2) 10 ___________

(3) 14 ___________　　(4) 40 ___________

2 병음과 간체자를 바르게 연결하세요.

(1) niú　·　　　　　·　鸡

(2) jī　·　　　　　·　猪

(3) gǒu　·　　　　　·　狗

(4) zhū　·　　　　　·　牛

3 아래 문장을 읽어보고 질문에 답하세요.

> 我叫马东锡。我是韩国人。
> 我今年54岁。我属猪。
>
> Wǒ jiào Mǎ Dōngxī. Wǒ shì Hánguórén.
> Wǒ jīnnián wǔshísì suì. Wǒ shǔ zhū.

(1) 글쓴이는 어느 나라 사람일까요?

① 일본 사람　　　② 중국 사람　　　③ 한국 사람

(2) 글쓴이의 나이와 띠는 어떻게 될까요?

① 54세 닭띠　　　② 54세 돼지띠　　　③ 54세 개띠

4 다음 빈칸에 들어갈 알맞은 중국어를 쓰세요.

(1) 我今 [nián] 60。

(2) 我不是66 [suì] 。

(3) 我属 [jī] 。

숫자를 나타내는 손 동작

중국에서는 손 모양으로 숫자는 나타내는 방법이 한국과는 조금 다릅니다. 5까지는 같지만 6부터는 두 손을 이용해야 하는 우리와는 달리, 독특한 손 모양을 이용해서 한 손으로도 6부터 10까지 표현할 수 있답니다.

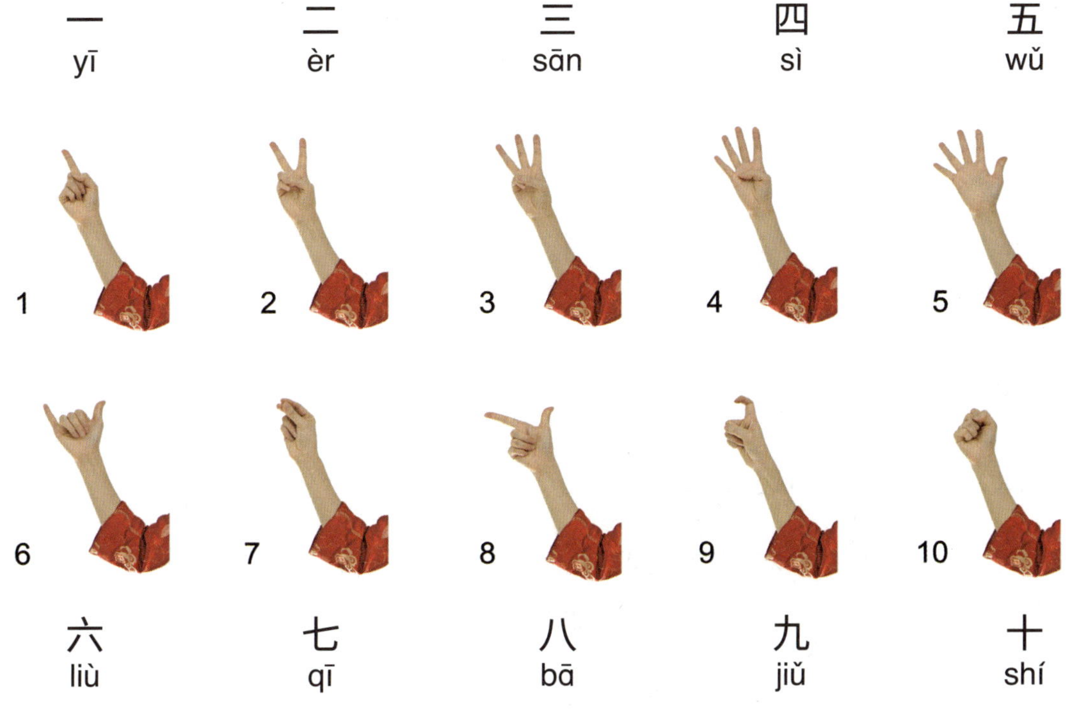

今天星期几？

▶ 今天/明天星 ⬚ 。

15-1. mp3

진 티엔　싱 치　지

● **今天星期几？**
Jīntiān　xīngqī　jǐ?

진 티엔　싱 치 이

○ **今天星期一。**
Jīntiān　xīngqīyī.

밍 티엔　싱 치　지

● **明天星期几？**
Míngtiān　xīngqī　jǐ?

밍 티엔　싱 치 얼

○ **明天星期二。**
Míngtiān　xīngqī'èr.

말하기 공식

今天/明天 + 星期 ⬚ 。

오늘/내일은 ________요일이에요.

'오늘/내일'을 나타내는 今天/明天에 星期几[싱치 지]를 붙이면 요일을 물을 수 있습니다. 几라는 단어 자체가 의문을 나타내므로 문장 끝에 吗를 안 써도 되지요. 대답은 今天/明天 +星期⬚。라고 하면 됩니다.

오늘은 무슨 요일이에요?

요일을 묻고 답해봅시다.

오늘은 무슨 요일이에요?

오늘은 월요일이에요.

내일은 무슨 요일이에요?

내일은 화요일이에요.

새로 나온 단어

今天 [jīntiān : 진티엔] 오늘

星期 [xīngqī : 싱치] 주, 요일

几 [jǐ : 지] 몇

星期一 [xīngqīyī : 싱치이]
월요일

明天 [míngtiān : 밍티엔] 내일

星期二 [xīngqī'èr : 싱치얼]
화요일

几의 번체자는 幾입니다.
한자 幾 는 '몇, 얼마'를 뜻
하고 독음은 [기]입니다.
모양이 훨씬 간단해졌죠?

알아두기

■ 오늘, 어제, 내일과 올해, 작년, 내년 말하기

'오늘'은 今天[진티엔]이고 '올해'는 今年[진니엔]입니다. '어제'는 昨天[주어티엔]이고
'작년'은 去年[취니엔], '내일'은 明天[밍티엔]이고 '내년'은 明年[밍니엔]이라고 해요.

■ 격음부호

星期二[xīngqī'èr]에서처럼 a, o, e로 시작하는 음절이 다른 음절 뒤에 오는 경우, 그 앞에
서 음절이 나뉨을 나타내기 위해 '를 찍어주는데, 이를 격음부호라고 합니다.

요일을 물을 때는 星期几

설명을 잘 읽어보세요. 🎧 15-2. mp3

시간사	요일 + 의문대명사
今天	**星期几?**
오늘	무슨 요일이에요?

星期[싱치]는 '주, 요일'이라는 뜻으로, '무슨 요일'에 해당하는 표현은 星期几[싱치지]입니다. 几[지]는 주로 10 이하의 수를 물어볼 때 쓰는 의문대명사로, 날짜와 시간을 물어볼 때도 씁니다. 几라는 단어 자체가 의문을 나타내므로 문장 끝에 吗를 쓸 필요가 없어요. 대답은 今天星期一。[진티엔 싱치이]처럼 하면 됩니다. ❶

> ❶ **今天星期一。**
> 이 문장은 星期一[싱치이]라는 명사가 술어 역할을 하는 명사 술어문입니다. 星期一는 원래 '월요일'이라는 명사지만, 문장에서는 是 같은 동사가 없어도 '월요일이다'라는 서술 의미까지 나타내죠.

明天星期几?
[Míngtiān xīngqī jǐ?
밍티엔 싱치 지]
내일은 무슨 요일이에요?

明天星期天。
[Míngtiān xīngqītiān.
밍티엔 싱치티엔]
내일은 일요일이에요.

확인하기

✓ 今天星期(   )?에서 괄호 안에 들어갈 단어로 적절한 것을 고르세요.

吗 [ma]	几 [jǐ]	是 [shì]	不是 [búshì]

해설 星期[싱치] 뒤에 '얼마', '몇'을 나타내는 几[지]를 써야 '무슨 요일입니까?'라는 표현이 되므로 괄호 안에는 의문대명사 几가 와야 합니다. 吗[마]는 평서문의 끝에 붙여 '~입니까?'와 같은 의문문이 되지만, 여기에서처럼 '무슨'이나 '몇'과 같은 뜻을 나타내지 않습니다.

정답 几

빈칸에 단어를 넣어 말해보세요.　🎧 15-3. mp3

今天星期一。
Jīntiān xīngqīyī.
오늘은 월요일이에요.

❶ 요일 말하기

'주'의 의미가 있는 周 [zhōu]를 써서 요일을 나타낼 수도 있어요.

월요일 周一
[zhōuyī : 쩌우이]

화요일 周二
[zhōu'èr : 쩌우얼]

수요일 周三
[zhōusān : 쩌우싼]

목요일 周四
[zhōusì : 쩌우쓰]

금요일 周五
[zhōuwǔ : 쩌우우]

토요일 周六
[zhōuliù : 쩌우리우]

일요일 周日
[zhōurì : 쩌우르]

星期二
[xīngqī'èr : 싱치얼]
今天 __________。
오늘은 화요일이에요.

星期三
[xīngqīsān : 싱치싼]
今天 __________。
오늘은 수요일이에요.

星期四
[xīngqīsì : 싱치쓰]
今天 __________。
오늘은 목요일이에요.

星期五
[xīngqīwǔ : 싱치우]
今天 __________。
오늘은 금요일이에요.

요일은 '주, 요일'이라는 뜻인 星期 뒤에 숫자를 넣어 표현합니다. 다만 '일요일'은 星期七가 아니라 星期天이라는 것에 주의하세요.

📍 단어 더하기

■ 요일 ❶　🎧 15-4. mp3

星期一 [xīngqīyī : 싱치이] 월요일　　星期二 [xīngqī'èr : 싱치얼] 화요일

星期三 [xīngqīsān : 싱치싼] 수요일　　星期四 [xīngqīsì : 싱치쓰] 목요일

星期五 [xīngqīwǔ : 싱치우] 금요일　　星期六 [xīngqīliù : 싱치리우] 토요일

星期天 [xīngqītiān : 싱치티엔] 일요일

ü로 시작하는 운모

다음 발음을 듣고 따라해보세요. 🎧 15-5. mp3

yu üe üan ün
jue quan xun

❶ ü 발음하기
ü는 성모 j, q, x와 결합하면 u로 쓰지만 발음은 ü 그대로입니다. 즉, jue는 [쥐에], quan은 [취엔], xun은 [쉰]으로 발음합니다. 이 발음들은 언뜻 u 발음 같지만, ü로 발음해야 한다는 점이 매우 중요합니다.

ü는 음절의 첫머리에 오면 단독으로 쓸 수 없기 때문에 yu로 씁니다. 입술을 끝까지 동그랗게 유지하며 [위]라고 발음합니다.❶

üe는 [위에]로 발음합니다. 입술을 둥글게 오므려 [위]를 발음하다가 곧 [에]를 발음합니다.

üan은 [위엔]으로 발음합니다. 입술을 둥글게 오므려 [위]를 발음하다가 곧 [엔]을 발음합니다. üan을 [위안]으로 잘못 발음하는 경우도 있는데, 꼭 주의하세요. ian [이엔]과 같이 üan도 [위엔]으로 발음해야 합니다.

ün은 [윈]으로 발음합니다. 입술을 둥글게 오므려 [윈]을 발음하며, 끝까지 입술을 둥글게 유지합니다.

jue는 [쥐에], quan은 [취엔], xun은 [쉰]으로 발음합니다.

üe, üan, ün 모두 음절의 첫머리에 오면 ü를 yu로 바꾸어 각각 yue, yuan, yun으로 표기합니다.

확인하기

✓ 발음을 듣고 운모가 <u>다른</u> 것을 고르세요.

(1)   (2)   (3)   (4)

해설 (1) yǔ, (2) juǎn, (3) xuǎn, (4) yuǎn으로, (1)만 운모가 yǔ고, 나머지는 모두 uǎn입니다.

정답 (1)

ü가 u로 표기된 발음

 15-6. mp3

yǔ 비　　　　　yú 물고기, 생선

yuè 월　　　　yuǎn 멀다

xué 공부하다　　xuǎn 선택하다

qúnzi 치마　　jūnrén 군인

jiājù 가구　　jùzi 문장

qù 가다　　　xìngqù 흥미

yěxǔ 아마도

❶ yu, yue, yuan, yun 발음하기

yu는 ü이므로 [위], yue는 üe [위에], yuan은 üan [위엔], yun은 ün[윈]으로 발음합니다.

❷ 단어 알기

yǔ 雨
yú 鱼
yuè 月
yuǎn 远
xué 学
xuǎn 选
qúnzi 裙子
jūnrén 军人
jiājù 家具
jùzi 句子
qù 去
xìngqù 兴趣
yěxǔ 也许

확인하기

✓ 녹음을 듣고 잘못 발음한 것을 고르세요.

(1) yǔ　　　　(2) qù　　　　(3) júzi　　　　(4) xǔ

해설 (2) qù는 [취]에 가까운 소리인데, 들려드린 소리는 [추]에 가까운 발음입니다.

정답 (2)

15 今天星期几?

▶ 정답과 해설은 226쪽에 있습니다.

1 다음 요일의 병음을 쓰세요.

(1) 星期二 ________________ (2) 星期六 ________________

(3) 星期天 ________________ (4) 星期几 ________________

2 다음 문장을 중국어로 완성하세요.

(1) 오늘은 무슨 요일이에요? → |　|　|　|　|　| ?

(2) 오늘은 월요일이에요. → |　|　|　|　| 。

3 다음 달력을 보고 질문에 답하세요.

星期天	星期一	星期二	星期三	星期四	星期五	星期六
12	13	14	15	16	17	18

今天

(1) 오늘은 무슨 요일인가요?

① 화요일   ② 수요일   ③ 목요일

(2) 18일은 무슨 요일인가요?

① 금요일   ② 토요일   ③ 일요일

(3) **明天星期几?**

① 화요일   ② 수요일   ③ 목요일

 다음 빈칸에 들어갈 단어를 [보기]에서 골라 쓰세요.

[보기]　　　　　　　今天 jīntiān　　　　今年 jīnnián

(1) 昨天 – ☐ – 明天
　　zuótiān ＿＿＿＿ míngtiān

(2) 去年 – ☐ – 明年
　　qùnián ＿＿＿＿ míngnián

★ 차이나 이야기

중국인이 싫어하는 숫자는?

중국 사람들이 좋아하는 숫자는 8[八: bā], 6[六: liù], 9[九: jiǔ]처럼, 좋은 의미를 가진 단어와 발음이 같거나 비슷한 숫자들이라고 했습니다.

그렇다면 중국 사람들이 싫어하는 숫자는 무엇이 있을까요?
死(죽을 사)와 발음이 비슷한 숫자 4를 싫어합니다. 숫자 4(四)의 발음은 sì인데요. '죽다'라는 의미인 死의 발음이 [sǐ]로 한어병음이 같고 성조만 다르죠. 그래서 4(sì)가 '죽음'을 연상한다고 여겨 기피합니다. 우리나라에서도 엘리베이터나 아파트의 4층은 영어에서 fourth floor(4층)를 나타내는 F로 표기할 때가 많죠.

숫자 7도 좋아하지 않는 숫자 중의 하나예요. 서양에서는 7이 행운과 연관된다고 여겨 lucky seven(행운의 7)이라고 하며 좋아하죠. 반면 중국에서 7은 좋지 않은 뜻의 단어와 발음이 비슷해 기피합니다. 7(七)의 발음은 qī인데요. '화를 내다'라는 生气[shēngqì]에서 '화'를 의미하는 qì와 한어병음이 같고 성조만 달라요. 그래서 7이 '화'를 부른다고 여기기도 합니다.

4는 중국어로 '쓰' 죽음을 나타내는 死와 발음이 비슷해요!

7은 화를 낸다고 할 때의 '화'를 나타내는 气[qì]와 발음이 비슷해 화를 부른다고 하네요.

明天不是六号。

▶ 今天/明天是 □月 □号。　　▶ 今天/明天不是 □月 □号。

문장을 듣고 따라 말해보세요.　🎧 16-1. mp3

진 티엔　지 위에 지 하오
● 今天几月几号?
Jīntiān jǐ yuè jǐ hào?

진 티엔　쓰 위에 쓰 하오
○ 今天四月四号。
Jīntiān sì yuè sì hào.

밍 티엔　리우 하오 마
● 明天六号吗?
Míngtiān liù hào ma?

밍 티엔　부스　리우 하오
○ 明天不是六号。
Míngtiān búshì liù hào.

今天/明天 + 　月　 号。　　今天/明天 + 不是 + 　月　 号。

오늘은/내일은 ＿＿월 ＿＿일이에요.　　오늘은/내일은 ＿＿월 ＿＿일이 아니에요.

나이와 요일 같은 명사구는 문장에서 술어가 될 수 있다고 했지요. '오늘은 몇 월 며칠이다'
라고 말할 때에도 '~이다'를 나타내는 是[스] 없이 명사구로 된 날짜만으로도 술어가 됩니
다. 하지만 부정문일 때는 반드시 不是[부스]라고 써야 됩니다.

내일은 6일이 아니에요.

날짜를 묻고 답해봅시다.

오늘은 몇 월 며칠이에요?

오늘은 4월 4일이에요.

내일은 6일이에요?

내일은 6일이 아니에요.

새로 나온 단어

月 [yuè : 위에] 월
号 [hào : 하오] 일
四 [sì : 쓰] 4, 넷
六 [liù : 리우] 6, 여섯

号는 '號(번호 호)'를 간체자로 쓴 것으로, '번호, 일(날짜), 사이즈' 등의 뜻이 있습니다. 중국에서는 'ㅇ일'이라고 날짜를 말할 때 号나 日를 씁니다. 대개 号는 입말, 日는 글말에서 씁니다.

알아두기

■ 중국의 공휴일

중국의 공휴일로는 '부녀자의 날' 妇女节[Fùnǚjié: 푸뉘지에], '청명절' 清明节[Qīngmíngjié: 칭밍지에], '노동절' 劳动节[Láodòngjié: 라오똥지에], '국경절' 国庆节[Guóqìngjié: 궈칭지에] 등이 있습니다. 부녀자의 날(3월 8일)은 국제 여성의 날이기도 한 데요, 중국에서는 이 날에 여성에게 휴가와 혜택이 있습니다. 청명절(4월 5일)에는 조상의 산소를 찾아가 성묘를 합니다. 5월 1일(노동절)과 국경절(10월 1일)은 춘절(설날)과 함께 중국의 3대 국경일로, 보통 7일 내외의 휴가 기간을 갖습니다.

명사 술어문을 부정할 때는 不是

설명을 잘 읽어보세요. 🎧 16-2. mp3

시간사	술어	명사
明天	不是	六号。
내일은	~이 아니다	6일

나이와 요일을 말할 때 '~이다'라는 뜻을 나타내는 是[스]가 없어도 된다고 배웠습니다. 我今年30岁。(나는 올해 30세입니다), 今天星期一。(오늘은 월요일이에요)처럼요. 그러나 이런 명사 술어문도 '~이 아니다'라고 쓰려면 반드시 不是를 넣어야 합니다.❶

今天三号。❷
[Jīntiān sān hào.
진티엔 싼 하오]
오늘은 3일이에요.

今天不是三号。
[Jīntiān búshì sān hào.
진티엔 부스 싼 하오]
오늘은 3일이 아니에요.

❶ 명사 술어문
'내일은 6일이다'를 나타낼 때 明天是六号。또는 明天六号。로 말할 수 있지만, '내일은 6일이 아니다'는 明天不是六号。입니다.

❷ 날짜 질문하기
"오늘이 3일이에요?"라고 물으려면 문장 끝에 吗를 붙여 今天三号吗? 라고 말하면 돼요.

확인하기

✅ 다음 중 잘못된 문장을 골라 바르게 고치세요.

今天2号。[Jīntiān èr hào.] 오늘은 2일이에요.
明天不4号。[Míngtiān bù sì hào.] 내일은 4일이 아니에요.

해설 '~이 아니다'라고 부정문으로 말하려면 '~이다'를 나타내는 是[스]의 반대말 不是[부스]를 붙여 말합니다.

정답 明天不4号。 → 明天不是4号。

빈칸에 단어를 넣어 말해보세요.　🎧 16-3. mp3

今天四月四号。
Jīntiān sì yuè sì hào.
오늘은 4월 4일이에요.

三月八号❶
[sān yuè bā hào : 싼 위에 빠 하오]
今天 _________。
오늘은 3월 8일이에요.

四月五号
[sì yuè wǔ hào : 쓰 위에 우 하오]
今天 _________。
오늘은 4월 5일이에요.

五月一号❷
[wǔ yuè yī hào : 우 위에 이 하오]
今天 _________。
오늘은 5월 1일이에요.

十月一号
[shí yuè yī hào : 스 위에 이 하오]
今天 _________。
오늘은 10월 1일이에요.

❶ 3월 8일

요즘은 중국에서도 날짜, 전화번호 등과 같은 숫자는 3/8처럼 한자보다 아라비아 숫자를 많이 쓴답니다.

❷ 국경일

노동절은 五月一号(5월 1일)이기 때문에 五一라고 합니다. 十月一号(10월 1일)인 국경절은 十一라고도 합니다.

앞을 前[치엔], 뒤를 后[허우]라고 합니다. 오늘로부터 이틀 전은 前天[치엔티엔], 이틀 뒤는 后天[허우티엔]이라고 합니다.

 단어 더하기

■ 날짜와 시간　🎧 16-4. mp3

8月15号 [bā yuè shíwǔ hào] 8월 15일

9月9号 [jiǔ yuè jiǔ hào] 9월 9일

11月11号 [shíyī yuè shíyī hào] 11월 11일

12月25号 [shí'èr yuè èrshíwǔ hào] 12월 25일

昨天 [zuótiān: 주어티엔] 어제

前天 [qiántiān: 치엔티엔] 그저께

明天 [míngtiān: 밍티엔] 내일

后天 [hòutiān: 허우티엔] 모레

i의 변신

다음 발음을 듣고 따라해보세요.   🎧 16-5. mp3

yī[1]   bī   pī   mī
dī   tī   nī   lī
jī   qī[2]   xī

zī   cī[2]   sī
zhī   chī   shī   rī

❶ yī

i를 성모 없이 단독으로 표시할 때, 표기는 yi로 씁니다.

❷ qi/ci

이 두 발음은 혼동하는 사람이 많습니다. i가 q와 결합할 때는 [이], c와 결합할 때는 [으]라고 발음하므로, 각각 [치/츠]라고 발음합니다.

녹음에서 똑같은 i발음인데, 위의 글상자는 [이]로 발음하고, 아래 글상자는 [으]로 발음하는 것을 들으셨나요?

i는 어떤 성모와 결합하는지에 따라 발음이 달라집니다. i가 z, c, s, zh, ch, sh, r과 결합할 때는 [으]로 발음한다는 것 꼭 기억하세요.

확인하기

☑ 운모 i의 발음이 나머지와 <u>다른</u> 하나를 고르세요.

(1) zì   (2) sì   (3) qī   (4) shí

해설 (1), (2), (4)의 운모 i는 [으]로 발음하지만, 성모 j, q, x와 함께 쓰이는 i는 [이]로 발음합니다.

정답 (3)

i의 변신 단어

다음 발음이 들어간 단어를 듣고 따라해보세요. ❶   🎧 16-6. mp3

bǐ 비교하다	pí 가죽
mǐfàn 쌀밥	tǔdì 토지
wèntí 문제	nǐ 너, 당신
Lǐ 성씨 이	jī 닭
qī 7, 일곱	Méi guānxi 괜찮습니다
zì 글자	gēcí 가사
sì 4, 넷	zhīdao 알다
chī 먹다	shí 10, 열
Rìběn 일본	

❶ 단어 알기
bǐ 比
pí 皮
mǐfàn 米饭
tǔdì 土地
wèntí 问题
nǐ 你
Lǐ 李
jī 鸡
qī 七
Méi guānxi 没关系
zì 字
gēcí 歌词
sì 四
zhīdao 知道
chī 吃
shí 十
Rìběn 日本

확인하기

✓ 운모 i의 발음이 나머지와 <u>다른</u> 것을 고르세요.

(1) Méi guānxi   (2) wèntí   (3) shí   (4) mǐfàn

해설 (3) shí는 [스]로 발음하며, (1), (2), (4)의 운모 i는 모두 [이]로 발음합니다.

정답 (3)

▶ 정답과 해설은 227쪽에 있습니다.

1 다음 우리말 뜻에 맞는 병음과 간체자를 쓰세요.

그저께	어제	오늘	내일	모레
前天	昨天			后天
		jīntiān	míngtiān	

2 다음 문장을 알맞은 우리말 뜻과 연결하고 세 번씩 읽어보세요.

(1) Jīntiān jǐ yuè jǐ hào?　　·

(2) Míngtiān búshì liù hào.　　·

(3) Jīntiān sì yuè sì hào.　　·

·　내일은 6일이 아니에요.

·　오늘은 몇 월 며칠이에요?

·　오늘은 4월 4일이에요.

3 아래 문장을 읽고 질문에 답하세요.

今天六月二十一号。
今天不是星期二，是星期三。

Jīntiān liù yuè èrshíyī hào.
Jīntiān búshì xīngqī'èr, shì xīngqīsān.

(1) 내일은 몇 월 며칠입니까?

① 六月二十号　　　② 六月二十一号　　　③ 六月二十二号

(2) 오늘은 무슨 요일입니까?

① 星期一　　　② 星期二　　　③ 星期三

4 다음 단어가 들어갈 위치 <u>두 곳</u>을 골라보세요.

几

①	今天	②	月	③	号	④	?

연인에게 우산은 선물하지 않아요

우리나라에서는 연인에게 신발을 선물하면 그 신발을 신고 도망간다는 속설이 있지요. 중국에서는 연인에게 우산을 선물하지 않습니다.

이것도 중국 사람들이 싫어하는 숫자처럼, 좋지 않은 뜻의 단어와 발음이 비슷하기 때문입니다. '우산'을 뜻하는 중국어 伞은 발음이 [sǎn]인데, '헤어지다, 흩어지다'라는 의미의 한자 散[sàn]과 성조만 다르고 발음기호가 같습니다. 그래서 중국에서는 연인끼리 우산을 선물하면 헤어진다고 생각한답니다.

또한 괘종시계는 어르신께 선물하면 안 됩니다. '괘종시계'를 나타내는 중국어는 钟[zhōng]인데, 이는 '끝, 죽음'을 의미하는 终[zhōng]과 발음이 성조까지 똑같습니다. 또한 '시계를 선물하다'라는 중국어 표현은 送钟[sòng zhōng]인데, 이 발음이 '임종하다, 장례를 치르다'란 뜻의 送终[sòngzhōng]과 같습니다.

과일 중에서는 배를 선물하는 것도 금물입니다. 배는 중국어로 梨[lí]인데, '이별하다'라는 의미의 离[lí]와 발음이 같아서 주의해야 하는 선물입니다.

17 我们两点见吧!

워 먼　량 디엔 지엔　바
- **我们两点见吧!**
  Wǒmen liǎngdiǎn jiàn ba!

워 먼　스 디엔 샹 커　바
- **我们十点上课吧!**
  Wǒmen shí diǎn shàngkè ba!

워 먼　지 디엔 시아 빤
- **我们几点下班?**
  Wǒmen jǐ diǎn xiàbān?

워 먼　리우 디엔 시아 빤　바
- **我们六点下班吧!**
  Wǒmen liù diǎn xiàbān ba!

말하기 공식

我们 + [시간] + [동작] + 吧!

우리 ＿＿＿＿＿ 시에 ＿＿＿＿＿ 합시다!

'우리 몇 시에 ~합시다!'라고 말할 때 중국어에서는 한국어와 마찬가지로 시간을 나타내는 말이 동사 앞에 옵니다. 문장 끝에 吧[바]를 붙이면 '~합시다'라는 권유의 의미가 됩니다. 이때 '함께 하자'는 뜻이니까 주어로는 나 하나만을 나타내는 我[워]가 아니라 '우리'를 나타내는 我们[워먼]이 옵니다.

우리 2시에 만나요!

시간을 정해서 권유를 해봅시다.

우리 2시에 만나요!

우리 10시에 수업해요!

우리 몇 시에 퇴근해요?

우리 6시에 퇴근해요!

새로 나온 단어

我们 [wǒmen : 워먼] 우리
两 [liǎng : 량] 둘 (양사 앞에서 二 대신 쓰임)
点 [diǎn : 디엔] 시
见 [jiàn : 지엔] 만나다
吧 [ba : 바] ~합시다
上课 [shàngkè : 샹커] 수업하다
下班 [xiàbān : 시아빤] 퇴근하다

2는 二[얼]이지만, 二은 사물이나 사람을 세는 단위 앞에 쓸 수 없습니다. 点[디엔]은 시간을 세는 단위라서 역시 二 대신 两[량]을 씁니다. 하지만 12시는 [스량덴] 이 아니니 주의하세요!

알아두기

■ **上과 下가 짝지어 나오는 반대말**

중국어에는 上[샹]과 下[시아]가 짝을 이루는 반대말이 많습니다.

上边 [shàngbian] 위쪽	下边 [xiàbian] 아래쪽
上课 [shàngkè] 수업이 시작되다	下课 [xiàkè] 수업이 끝나다
上班 [shàngbān] 출근하다	下班 [xiàbān] 퇴근하다
上车 [shàngchē] 차를 타다	下车 [xiàchē] 차에서 내리다

'~합시다'라고 할 때는 吧

설명을 잘 읽어보세요. 🎧 17-2. mp3

주어	수사 + 양사	동사	어기조사
我们	两点	见	吧!
우리	2시에	만나다	~해요

'만납시다', '밥 먹읍시다'처럼 청유문으로 말하고 싶을 때에는 문장 끝에 吧[바]만 붙이면 됩니다. 我们见。[워먼 지엔]이라고만 쓰면 '우리는 만난다'라는 말이지만, 我们见吧![워먼 지엔 바]라고 하면 '우리 만나요!'라고 상대방에게 권유하는 문장이 되지요. 시간을 나타내는 两点은 주어 앞에 올 수도 있고, 주어 뒤에 올 수도 있습니다.❶

我们星期六见吧!
[Wǒmen xīngqīliù jiàn ba!
워먼 싱치리우 지엔 바]
우리 토요일에 만나요!

我们十一点看电影吧!
[Wǒmen shíyī diǎn kàn diànyǐng ba!
워먼 스이 디엔 칸 띠엔잉 바]
우리 11시에 영화 봐요!

확인하기

☑ 다음 문장을 '~합시다'라는 청유문으로 바꿔보세요.

(1) 我们三点去。 [Wǒmen sān diǎn qù.] 우리는 3시에 간다.
(2) 我们十二点吃饭。 [Wǒmen shí'èr diǎn chīfàn.] 우리는 12시에 식사를 한다.

해설 '~합시다'라고 권하는 의미를 나타내려면 문장 끝에 吧[바]를 붙이면 됩니다.

정답 (1) 我们三点去吧。 (2) 我们十二点吃饭吧。

---

❶ **两点의 위치**
한국어에서는 "우리 2시에 만나요!"나 "2시에 우리 만나요!"라고 해도 모두 말이 되죠? 중국어에서도 我们两点见吧![Wǒmen liǎng diǎn jiàn ba!]와 两点我们见吧![Liǎng diǎn wǒmen jiàn ba!]로 다 말할 수 있어요.

빈칸에 단어를 넣어 말해보세요. 🎧 17-3. mp3

我**十点上课**。
Wǒ shí diǎn shàngkè.
나는 10시에 수업해요.

❶ 起床과 运动
起床[qǐchuáng]은 한국어의 '기상(起床)'과 한자가 똑같습니다. 起는 '일어나다'라는 뜻이고, 床은 '침대'라는 뜻입니다. 运动[yùndòng] 역시, 우리말 '운동(運動)'과 같습니다.

六点起床❶
[liù diǎn qǐchuáng : 리우 디엔 치추앙]
我 __________。
나는 6시에 일어나요.

七点吃早饭
[qī diǎn chī zǎofàn : 치 디엔 츠 자오판]
我 __________。
나는 7시에 아침 식사를 해요.

八点看电视
[bā diǎn kàn diànshì : 빠 디엔 칸 띠엔스]
我 __________。
나는 8시에 TV를 봐요.

九点运动❶
[jiǔ diǎn yùndòng : 지우 디엔 윈똥]
我 __________。
나는 9시에 운동해요.

아침은 早上[자오상], 점심은 中午[쭝우], 저녁은 晚上[완상]입니다. 그래서 아침밥은 早饭[자오판], 점심밥은 午饭[우판], 저녁밥은 晚饭[완판]이 되고, '먹다'라는 동사 吃를 앞에 붙여 말합니다.

📍 단어 더하기

■ 하루 일과 🎧 17-4. mp3

起床 [qǐchuáng : 치추앙] 일어나다
吃早饭 [chī zǎofàn : 츠 자오판] 아침 식사를 하다
看电视 [kàn diànshì : 칸 띠엔스] TV를 보다
运动 [yùndòng : 윈똥] 운동하다
吃午饭 [chī wǔfàn : 츠 우판] 점심 식사를 하다
吃晚饭 [chī wǎnfàn : 츠 완판] 저녁 식사를 하다
洗澡 [xǐzǎo : 시자오] 샤워하다
睡觉 [shuìjiào : 슈이지아오] 잠자다

반만 발음해요 반3성

다음 발음을 듣고 따라해보세요.　🎧 17-5. mp3

❶ 단어 알기
lǎoshī 老师
Měiguó 美国
jiěmèi 姐妹
jiějie 姐姐

3성은 아래로 낮게 내려왔다가 다시 올라가는 발음입니다. 뒤에 다른 성조가 왔을 때에는 같이 발음하기가 힘이 들지요. 그래서 뒤에 1성, 2성, 4성, 경성이 오면 3성의 낮게 깔리는 앞쪽 음만 발음하는데, 이를 반3성이라고 합니다.

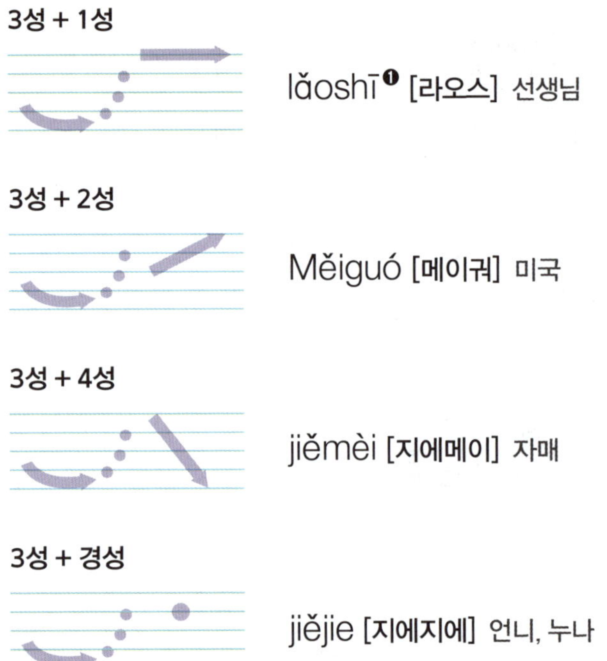

3성 + 1성

lǎoshī ❶ [라오스] 선생님

3성 + 2성

Měiguó [메이궈] 미국

3성 + 4성

jiěmèi [지에메이] 자매

3성 + 경성

jiějie [지에지에] 언니, 누나

✅ 녹음을 듣고 <u>잘못</u> 발음한 것을 고르세요.

(1) Běijīng　　　(2) Fǎguó　　　(3) Fǎyǔ　　　(4) hǎokàn

해설 Fǎyǔ는 '3성+3성'이니까 앞의 3성을 2성으로 바꾸어 '2성+3성'으로 발음해야 합니다.

정답 (3)

중국 성 발음하기 – 중남구편

다음 발음을 듣고 따라해보세요.   🎧 17-6. mp3

중국의 중남구 지역에 위치한 여러 성의 이름을 발음해봅시다.

① 河南省　　Hénán shěng
　　　　　　흐어 난　　성

② 湖北省　　Húběi shěng
　　　　　　후 베이　　성

③ 湖南省　　Húnán shěng
　　　　　　후 난　　성

④ 广东省　　Guǎngdōng shěng
　　　　　　광　　똥　　성

⑤ 海南省❶　Hǎinán shěng
　　　　　　하이 난　　성

❶ 섬은 dǎo

중국의 아름다운 섬, 하이난(해남도)은 海南省[하이난성]을 말하는데요. '섬'은 중국어로 岛[dǎo]라고 합니다. 그래서 하이난을 海南岛[하이난다오]라고도 합니다. 그렇다면 우리나라의 아름다운 섬, '제주도'는 중국어로 뭐라고 할까요? 바로 济州岛[Jìzhōudǎo: 지쩌우다오]라고 합니다.

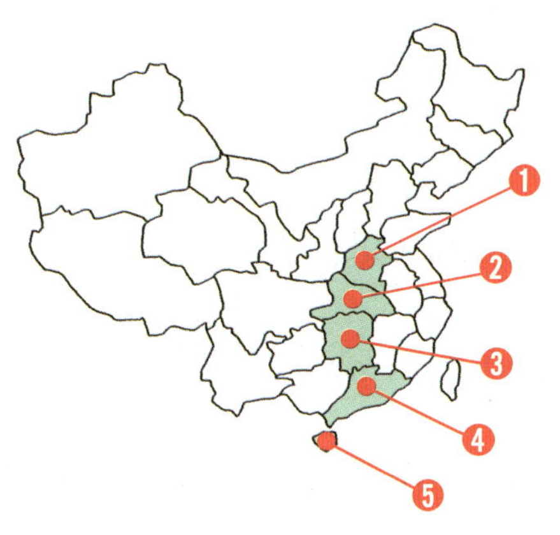

확인하기

✓ 발음을 듣고 공통으로 들어갈 한어병음을 써보세요.

　(1) Hé＿＿＿＿ shěng　　(2) Hú＿＿＿＿ shěng　　(3) Hǎi＿＿＿＿ shěng

해설 (1) 河南省[Hénán shěng], (2) 湖南省[Húnán shěng], (3) 海南省[Hǎinán shěng]입니다.

정답 nán

▶ 정답과 해설은 228쪽에 있습니다.

1 시계가 가리키는 시각을 보고 알맞은 간체자나 병음을 쓰세요.

(1) 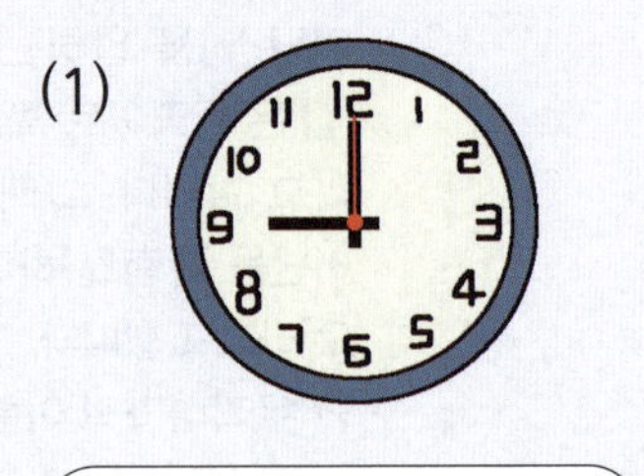　　(2) 　　(3) 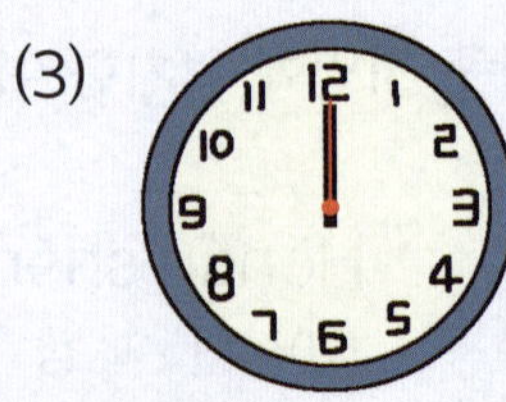

jiǔ diǎn　　　三点　　　十二点

2 제시된 목적어에 공통으로 쓸 수 있는 동사를 빈칸에 쓰세요.

[보기]　　喝　　吃　　看　　学

(1) ☐ 早饭[zǎofàn] 아침밥 / 午饭[wǔfàn] 점심밥 / 晚饭[wǎnfàn] 저녁밥

(2) ☐ 电视[diànshì] 텔레비전 / 电影[diànyǐng] 영화

(3) ☐ 汉语[Hànyǔ] 중국어 / 日语[Rìyǔ] 일본어 / 英语[Yīngyǔ] 영어

(4) ☐ 咖啡[kāfēi] 커피 / 茶[chá] 차

3 다음 문장을 큰 소리로 읽어보세요.

我今天十点上课，十二点下课。
我儿子早上九点上班，晚上六点下班。

Wǒ jīntiān shí diǎn shàngkè, shí'èr diǎn xiàkè.
Wǒ érzi zǎoshang jiǔ diǎn shàngbān, wǎnshang liù diǎn xiàbān.

성조에 따라 뜻이 달라지는 단어

앞에서 우산을 뜻하는 중국어 단어 伞과 헤어짐을 의미하는 단어 散이 성조만 다르고 발음이 같아 연인에게 선물하지 않는다고 했습니다. 여기서는 발음은 같지만 성조에 따라 뜻이 달라지는 단어를 좀 더 알아볼까요?

liu [리우]			gui [꾸이]		
liù	六	6, 여섯	guǐ	鬼	귀신
liú	流	순조롭다	guì	贵	비싸다
mai [마이]			xiao [시아오]		
mǎi	买	사다	xiǎo	小	작다
mài	卖	팔다	xiào	笑	웃다
yan [이엔]			nar [날]		
yān	烟	담배	nàr	那儿	거기, 저기
yán	盐	소금	nǎr	哪儿	어디
er [얼]			yǎnjing [이엔징]		
èr	二	2, 둘	yǎnjing	眼睛	눈
ěr	耳	귀	yǎnjìng	眼镜	안경
mao [마오]			si [쓰]		
māo	猫	고양이	sì	四	4, 넷
máo	毛	털, 깃털	sǐ	死	죽다

今天下雨。

▶ 今天 ⬚ 。

진 티엔　티엔 치　　전 머 양
● **今天天气怎么样?**
Jīntiān　tiānqì　zěnmeyàng?

진 티엔　티엔 치　헌　하오
○ **今天天气很好。**
Jīntiān　tiānqì　hěn hǎo.

진 티엔　시아　위
● **今天下雨。**
Jīntiān　xià　yǔ.

진 티엔　헌　렁
○ **今天很冷。**
Jīntiān　hěn lěng.

今天 + ⬚날씨⬚ **。**

오늘 날씨가 ________ 해요.

오늘 날씨가 어떤지 말하고 싶으면 今天[진티엔] 뒤에 날씨를 나타내는 단어를 넣으면 됩니다. 어제 날씨를 말하고 싶으면 昨天[주어티엔], 내일 날씨를 말하고 싶으면 明天[밍티엔]을 넣어 말하면 돼요. 오늘 날씨가 어떠냐고 물을 때는 '날씨'라는 뜻의 단어 天气[티엔치] 뒤에 '~는 어때요?'라는 의문의 뜻을 나타내는 怎么样?[전머양]을 써서 今天天气怎么样?[진티엔 티엔치 전머양]이라고 하면 됩니다.

오늘은 비가 와요.

날씨를 묻고 답해봅시다.

오늘은 날씨가 어때요?

오늘은 날씨가 좋아요.

오늘은 비가 와요.

오늘은 추워요.

새로 나온 단어

天气 [tiānqì : 티엔치] 날씨

怎么样 [zěnmeyàng : 전머양] 어떻다, 어떠하다

下雨 [xiàyǔ : 시아위] 비가 오다

冷 [lěng : 렁] 춥다

날씨는 중국어로 天气[티엔치]라고 합니다. 한자 독음대로 '천기(天氣)'라고 읽는 분들이 있는데, '날씨'라는 뜻의 단어임을 기억하세요.

알아두기

■ **중국은 한겨울에도 봄 날씨인 곳이 있어요**

중국은 면적이 넓어 기후가 다양합니다. 위도 45도에 위치한 하얼빈은 한겨울에 영하 30도까지 떨어지는 반면, 남쪽 끝 위도 18도에 위치한 하이난은 영상 20도 안팎이어서 따뜻하죠. 그래서 하이난 공항에는 사계절 내내 옷을 갈아 입는 탈의실이 마련되어 있습니다.

■ **봄, 여름, 가을, 겨울**

춘하추동은 春[춘], 夏[시아], 秋[치우], 冬[똥]에 각각 天[티엔]을 붙여 말합니다. 봄은 春天[춘티엔], 여름은 夏天[시아티엔], 가을은 秋天[치우티엔], 겨울은 冬天[똥티엔]이지요.

상태를 물을 때는 怎么样?

설명을 잘 읽어보세요. 🎧 18-2. mp3

시간사	명사	의문대명사
今天	天气	怎么样?
오늘	날씨	어때요?

상대방에게 '~이 어떻습니까?', '~는 어때요?'라고 어떤 것의 상태를 물을 때 怎么样[전머양]이라는 의문대명사를 씁니다.❶ 什么[선머]❷, 几[지]❸ 처럼 怎么样[전머양]도 단어 자체에 의문의 뜻이 있기 때문에 문장 끝에 吗[마]를 붙이지 않아요. 즉, 今天天气怎么样吗?는 잘못된 표현입니다.

今天很热。
[Jīntiān hěn rè.
진티엔 헌 르어]
오늘은 더워요.

今天很凉快。
[Jīntiān hěn liángkuai.
진티엔 헌 량콰이]
오늘은 시원해요.

❶ 오늘은 더워요
今天天气怎么样?에 대답할 때에는 今天很热。[Jīntiān hěn rè. 진티엔 헌 르어]처럼 주어 뒤에 是[스] 없이 바로 형용사를 붙여 말하면 됩니다.

❷ 什么
"당신의 이름은 무엇입니까?"라고 물을때 你叫什么名字?[Nǐ jiào shénme míngzi?]라고 말합니다.

❸ 几
"무슨 요일이에요?"라고 물을 때 星期几?[Xīngqī jǐ?]라고 하지요.

확인하기

✓ 다음 중 날씨를 나타내는 말이 <u>아닌</u> 것을 고르세요.

热 [rè]　　　冷 [lěng]　　　下雨 [xiàyǔ]　　　星期 [xīngqī]

해설 热[르어]는 '덥다', 冷[렁]은 '춥다', 下雨[시아위]는 '비가 오다'로, 날씨를 나타내는 말입니다. 그러나 星期[싱치]는 '요일', '주'라는 뜻의 단어입니다.

정답 星期

날씨

 🎧 18-3. mp3

今天下雨。
Jīntiān xiàyǔ.
오늘은 비가 와요.

下雪❶
[xiàxuě : 시아쉐에]
今天 __________。
오늘은 눈이 내려요.

暖和
[nuǎnhuo : 누안훠]
今天 __________。
오늘은 따뜻해요.

晴天❷
[qíngtiān : 칭티엔]
今天 __________。
오늘은 맑은 날씨예요.

阴天❷
[yīntiān : 인티엔]
今天 __________。
오늘은 흐린 날씨예요.

---

❶ 동사 下

비도 눈도 동사는 下[xià]를 써요. 下雨[xiàyǔ]라고 하면 '비가 내리다', 下雪[xiàxuě]라고 하면 '눈이 내리다'가 되지요.

❷ 晴天/阴天

晴天[qíngtiān]과 阴天[yīntiān]은 명사로, 今天 晴天。은 명사술어문이에요. "오늘은 맑아요"는 맑다는 형용사 晴을 써서 今天很晴。으로 표현할 수 있어요.

'비가 많이 내린다', '바람이 많이 분다'는 어떻게 말할까요? '비'와 '바람' 앞에 大를 붙여 下大雨[xià dàyǔ: 시아 따위] , 刮大风[guā dàfēng: 꾸아따펑]이라고 합니다.

📍 단어 더하기

 날씨 🎧 18-4. mp3

下雪 [xiàxuě : 시아쉐에] 눈이 내리다	**暖和** [nuǎnhuo : 누안훠] 따뜻하다
晴天 [qíngtiān : 칭티엔] 맑다	**阴天** [yīntiān : 인티엔] 흐리다
打雷 [dǎléi : 다레이] 번개 치다	**干燥** [gānzào : 깐짜오] 건조하다
潮湿 [cháoshī : 차오스] 습하다	**刮风** [guāfēng : 꾸아펑] 바람 불다

발음 익히기 　3성＋3성 ＝ 2성＋3성

다음 발음을 듣고 따라해보세요.　　🎧 18-5. mp3

3성은 뒤에 다른 성조가 올 경우, 그 3성을 반만 발음한다고 했는데요. 3성 뒤에 또 3성이 오면, 앞의 3성을 2성으로 바꿔 발음합니다. 그 대표적인 예가 你好![니 하오]입니다.❶

3성 + 3성　　　　　**2성 + 3성**

→　　Nǐ hǎo! [니 하오] 안녕하세요!

💡 '3성+3성'이 들어간 단어나 문장을 듣고 따라해보세요.❷

shuǐguǒ 과일

Fǎyǔ 프랑스어

xǐzǎo 샤워하다

Wǒ hěn hǎo.❸ 나는 잘 지내요.

❶ 3성+3성
3성+3성이면 '2성+3성'으로 발음하지만, 성조는 원래대로 '3성+3성'으로 표기합니다.

❷ 단어 알기
shuǐguǒ 水果
Fǎyǔ 法语
xǐzǎo 洗澡
Wǒ hěn hǎo. 我很好。

❸ 3성이 연속될 때
이때는 주어/술어로 나누어 읽습니다. 앞의 Wo를 반3성으로, 뒤의 hen hao를 2성+3성으로 읽으면 되지요. 하지만 표기는 3성으로 합니다.

확인하기

 shǒubiǎo의 성조 변화와 같은 성조로 소리 나는 발음을 고르세요.

(1) méiyǒu　　　　(2) Hánguó　　　　(3) xuéxiào　　　　(4) lǎoshī

해설 shǒubiǎo는 '3성+3성'이므로 앞의 3성이 2성으로 바뀌어 shóubiǎo로 발음됩니다. 따라서 '2성＋3성'과 같아지므로 (1)이 정답입니다.

정답 (1)

166

중국 성 발음하기 - 서남, 서북구편

다음 발음을 듣고 따라해보세요.

중국의 서남, 서북구 지역에 위치한 여러 성의 이름을 발음해봅시다. ❶

❶ **贵州省**   Guìzhōu shěng
           꾸이 쩌우   성

❷ **云南省**   Yúnnán shěng
           윈   난   성

❸ **四川省**   Sìchuān shěng
           쓰 추안   성

❹ **陕西省**   Shǎnxī shěng
           샨   시   성

❺ **甘肃省**   Gānsù shěng
           깐   쑤   성

❻ **青海省**   Qīnghǎi shěng
           칭 하이   성

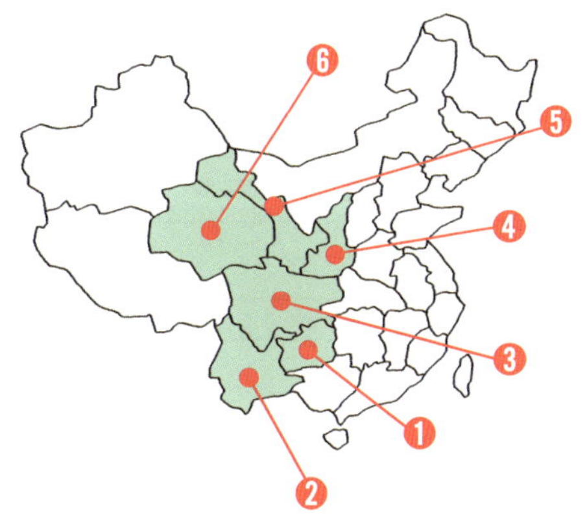

❶ **중국의 서부**
오밀조밀한 중국의 동쪽 성에 비해, 중국의 서쪽은 한 성(省)당 영토가 넓습니다. 회족 回族[Huízú], 묘족 苗族[Miáozú]을 포함해 위구르족 维吾尔族[Wéiwú'ěrzú] 같은 소수민족도 많은 지역이지요.

확인하기

✔ 중국의 성 중에는 한어병음이 같지만 성조가 <u>다른</u> 것이 있습니다. 녹음을 듣고 성조를 표기해보세요.

[   ]   [   ]
(1) Shanxi sheng   (2) Shanxi sheng

해설 (1) 山西省[Shānxī shěng], (2) 陕西省[Shǎnxī shěng]로 첫 음절만 성조가 다릅니다.

정답 (1) Shānxī shěng   (2) Shǎnxī shěng

▶ 정답과 해설은 229쪽에 있습니다.

1 우리말 뜻과 병음에 맞게 빈칸에 알맞은 중국어를 쓰세요.

(1) 날씨   (2) 춥다   (3) 덥다

     tiānqì   lěng   rè

2 주어진 우리말에 맞는 단어와 병음을 [보기]에서 찾아 쓰세요.

[보기]　暖和[nuǎnhuo]　凉快[liángkuai]　下雨[xiàyǔ]　下雪[xiàxuě]

(1) 비가 오다

(2) 눈이 오다

(3) 서늘하다

(4) 따뜻하다

3 다음 문장을 알맞은 우리말 뜻과 연결하고 세 번씩 읽어보세요.

(1) Jīntiān tiānqì zěnmeyàng?   •　　　• 오늘은 날씨가 어때요?

(2) Jīntiān tiānqì hěn hǎo.   •　　　• 오늘은 비가 와요.

(3) Jīntiān xiàyǔ.   •　　　• 오늘은 날씨가 좋아요.

4 다음 빈칸에 들어갈 알맞은 중국어를 쓰세요.

(1) 今天天 〔 qì 〕 很好。

(2) 今天 〔 xià 〕 雨。

(3) 今天很 〔 lěng 〕 。

중국 주요 도시의 계절별 날씨

중국은 워낙 면적이 넓어 다양한 기후가 동시에 존재합니다. 그래서 지역마다 특징적인 날씨가 있습니다. 다음에 주요 지역의 날씨와 특징을 중국어 문장으로 소개합니다. 모두 본문에서 배운 단어와 표현을 사용했으니 자신 있게 읽어보세요.

❶ **哈尔滨冬天很冷。**

Hā'ěrbīn dōngtiān hěn lěng.

하얼빈은 겨울에 추워요.

❷ **北京春天刮风。**

Běijīng chūntiān guāfēng.

베이징은 봄에 바람이 불어요.

❸ **海南岛冬天很暖和。**

Hǎinándǎo dōngtiān hěn nuǎnhuo.

하이난은 겨울에 따뜻해요.

❹ **西安秋天很干燥。**

Xī'ān qiūtiān hěn gānzào.

시안은 가을에 건조해요.

▶ 一共 ☐ 块(钱)/元。

이 꽁　뚜어 샤오 치엔
● **一共多少钱?**
Yígòng　duō shao qián?

이 꽁　이 바이　콰이 치엔
○ **一共100块钱。**
Yígòng　yì bǎi　kuài qián.

이 꽁　이 바이　콰이
● **一共100块。**
Yígòng　yì bǎi　kuài.

이 꽁　이 바이　위엔
○ **一共100元。**
Yígòng　yì bǎi　yuán.

말하기 공식

一共 + 가격 + 块(钱)/元。

모두 _________ 위엔입니다.

一共[이꽁]은 '모두, 전부'라는 의미의 단어입니다. 물건을 살 때 "모두 얼마예요?"라고 물으려면, '얼마'라는 뜻의 의문사 多少[뚜어샤오] 뒤에 '돈'이란 뜻의 명사 钱[치엔]을 써서 一共多少钱?이라고 합니다. 대답할 때에는 一共 뒤에 '가격+화폐 단위'로 말하면 됩니다.

모두 100위엔입니다.

가격을 묻고 답해봅시다.

모두 얼마예요?

모두 100위엔입니다.

모두 100위엔입니다.

모두 100위엔입니다.

새로 나온 단어

一共 [yígòng : 이꽁] 모두, 전부
多少 [duōshao : 뚜어샤오] 얼마
钱 [qián : 치엔] 돈
百 [bǎi : 바이] 백
块 [kuài : 콰이] 위엔(화폐 단위)
元 [yuán : 위엔] 위엔(화폐 단위)

중국의 화폐 단위를 나타내는 块[콰이]와 元[위엔]은 같은 뜻입니다. 块는 일상적으로 말할 때, 元은 공식적인 상황이나 문서에서 주로 씁니다.

■ 100위엔 화폐에 있는 사람은 누구?

중국 화폐는 人民币 [Rénmínbì: 런민삐]라고 합니다. 런민삐 중 1, 5, 10, 20, 50, 100위엔 지폐에 그려진 사람은 모두 毛泽东[Máo Zédōng: 마오저뚱]입니다. 마오저뚱은 베이징에 중화인민공화국 정부를 세운 사람이자, 문화대혁명을 일으켜 인민의 분노를 사 천안문사태에 불을 지핀 장본인이기도 합니다. 이같이 그는 근현대사에서 중국의 자립을 달성하여 추앙받는 반면에 잘못된 정책으로 비판받기도 하는 인물입니다.

가격을 나타내는 명사 술어문

설명을 잘 읽어보세요. 🎧 19-2. mp3

부사	수사	양사
一共	100	块(钱)/元。
모두	100	위엔이다

숫자 뒤에 화폐 단위(块[콰이]/块钱[콰이치엔]/元[위엔])❶를 넣어 '모두 ~위엔입니다'라고 가격을 말할 수 있습니다. 날짜, 요일, 시간처럼 가격을 말하는 명사구도 문장에서 술어가 됩니다. 따라서 是[스]를 생략하고 말할 수 있지요.

一共106块。❷
[Yígòng yì bǎi líng liù kuài.
이꽁 이 바이 링 리우 콰이]
모두 106위엔입니다.

一共160块钱。❷
[Yígòng yì bǎi liùshí kuài qián.
이꽁 이 바이 리우스 콰이 치엔]
모두 160위엔입니다.

❶ 화폐 단위

块는 회화에서 쓰고, 元은 글에서 씁니다. 2는 화폐 등의 수량을 나타내는 단위 앞에 올 때는 二[èr: 얼]이 아니라 반드시 两[liǎng: 량]으로 말합니다. 二块[얼 콰이]가 아니라 两块[량 콰이]이라고 하지요.

❷ 0은 零으로

십의 자리 이상에 0이 있으면 零[líng: 링]으로 읽습니다. 따라서 106은 [yì bǎi liù]가 아니라 [yì bǎi líng liù]라고 읽지요. [yì bǎi liù]는 160을 말합니다. 그러나 块나 元을 붙여 말할 때는 [yì bǎi liùshí]라고 해야 합니다.

✓ 55元을 바르게 표기한 발음기호를 고르세요.

(1) wǔshíwǔ yuán　　　(2) wǔshí yuán　　　(3) wǔ bǎi líng wǔ

해설 55를 한어병음으로 바르게 옮긴 것은 (1) wǔshíwǔ입니다. (2) wǔshí는 50(五十)이고, (3) wǔ bǎi líng wǔ는 505(五百零五)입니다.

정답 (1)

빈칸에 단어를 넣어 말해보세요. 🎧 19-3. mp3

一共100块。
Yígòng yì bǎi kuài.
모두 100위엔입니다.

23
[èrshísān : 얼스싼]
一共 ________ 块。
모두 23위엔입니다.

90
[jiǔshí : 지우스]
一共 ________ 块。
모두 90위엔입니다.

105
[yì bǎi líng wǔ : 이 바이 링 우]
一共 ________ 块。
모두 105위엔입니다.

150
[yì bǎi wǔshí : 이 바이 우스]
一共 ________ 块。
모두 150위엔입니다.

● '비싸다'는 이렇게 말해요
太贵了!
[Tài guì le!]
너무 비싸요!

便宜点儿吧!
[Piányi diǎnr ba!]
싸게 해주세요!

📍 **단어 더하기**

■ 화폐 단위 🎧 19-4. mp3

3 . 5 [sān kuài wǔ máo]
  ↓   ↓
块 毛

① 소수점 아래 단위는 毛[máo]라고 읽습니다.

② 마지막 단위는 생략 가능하므로 毛를 빼고 [sān kuài wǔ]라고만 할 수 있습니다.

不의 성조 변화

🎧 19-5. mp3

❶ 단어 알기
bù gāo 不高
bù máng 不忙
bù ǎi 不矮
bú pàng 不胖

중국어에서 부정문을 만들 때는 술어 앞에 不라는 부사를 붙이면 된다고 배웠습니다. 不[bù]는 높은 음에서 아래로 확 떨어지는 4성입니다. 그러나 뒤에 또 4성이 오면 앞의 4성을 2성으로 바꿉니다. 원래 성조인 4성에서 2성으로 변할 때는 성조 표기도 2성으로 한다는 점에 주의하세요. 또한 不는 원래는 [뿌]라고 된소리로 발음하지만 2성이 되면 [부]로 약해집니다.

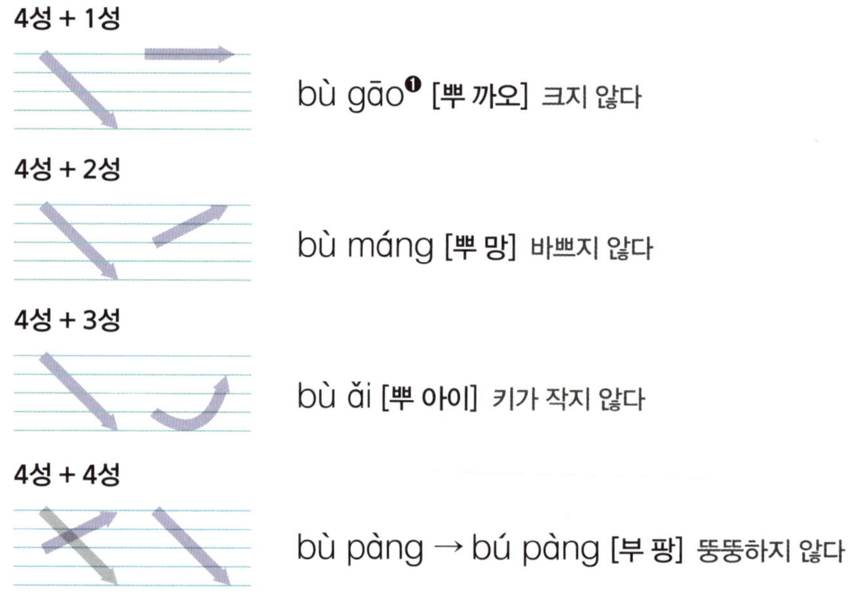

4성 + 1성
bù gāo❶ [뿌 까오] 크지 않다

4성 + 2성
bù máng [뿌 망] 바쁘지 않다

4성 + 3성
bù ǎi [뿌 아이] 키가 작지 않다

4성 + 4성
bù pàng → bú pàng [부 팡] 뚱뚱하지 않다

확인하기

☑ 녹음을 듣고 <u>잘못</u> 발음한 단어를 고르세요.

(1) **不吃** 안 먹다　　(2) **不来** 안 오다　　(3) **不买** 안 사다　　(4) **不做** 안 만들다

해설 (1) 不吃[bù chī], (2) 不来[bù lái], (3) 不买[bù mǎi], (4) 不做[bú zuò]입니다. (4)의 zuò는 4성이므로, 앞의 不를 2성으로 바꿔 bú zuò로 발음해야 합니다.

정답 (4)

不의 성조 변화 문장 읽기

不의 성조 변화 문장을 연습해봅시다. ❶

Wǒ búshì Zhōngguórén.
나는 중국 사람이 아니에요.

Wǒ bú qù yīyuàn.
나는 병원에 가지 않아요.

Wǒ bú zài jiā.
나는 집에 있지 않아요.

Wǒ bú kàn diànyǐng.
나는 영화를 보지 않아요.

Wǒ bú huì shuō Hànyǔ.
나는 중국어를 못해요.

❶ 문장 알기

Wǒ búshì Zhōngguórén.
我不是中国人。
Wǒ bú qù yīyuàn.
我不去医院。
Wǒ bú zài jiā.
我不在家。
Wǒ bú kàn diànyǐng.
我不看电影。
Wǒ bú huì shuō Hànyǔ.
我不会说汉语。

확인하기

✓ 녹음을 듣고 **잘못** 발음한 문장을 고르세요.

(1) 他不卖书。 그는 책을 팔지 않습니다.　　(2) 他不瘦。 그는 마르지 않았습니다.
(3) 她不胖。 그녀는 뚱뚱하지 않습니다.

해설 녹음은 (1) Tā bù mài shū., (2) Tā bú shòu., (3) Tā bú pàng. 입니다. 不[bù]는 원래 4성이지만, 뒤에 4성이 바로 오면 2성으로 발음합니다. (1)의 卖[mài] 역시 4성이므로, 앞의 不를 2성으로 바꿔 bú로 발음해야 합니다.

정답 (1)

▶ 정답과 해설은 231쪽에 있습니다.

1 다음 화폐에 해당하는 병음을 고르세요.

(1) **49块**　　① sì kuài jiǔ　　② sìshíjiǔ kuài　　③ sì máo jiǔ

(2) **409块**　　① sì bǎi kuài jiǔ　　② sìshíjiǔ kuài　　③ sì bǎi líng jiǔ kuài

(3) **490块**　　① sì bǎi kuài jiǔ　　② sì bǎi jiǔshí kuài　　③ sì bǎi líng jiǔ kuài

2 아래 문장에 공통으로 들어갈 단어를 쓰세요.

　　　　　　　多少钱?　모두 얼마예요?

__________ duōshao qián?

　　　　　　　100块。　모두 100위엔입니다.

__________ yì bǎi kuài.

　　　　　　　100元。　모두 100위엔입니다.

__________ yì bǎi yuán.

3 다음 문장을 큰 소리로 읽어보세요.

我八月五号星期天早上十点去商店。
我要买一件衣服。衣服306块钱。

Wǒ bā yuè wǔ hào xīngqītiān zǎoshang shí diǎn qù shāngdiàn.
Wǒ yào mǎi yí jiàn yīfu. Yīfu sān bǎi líng liù kuài qián.

화폐 단위 읽는 법

중국 화폐 단위나 백 이상의 수를 말할 때 몇 가지 주의할 점이 있습니다.

128.5元은 [yì bǎi èrshíbā kuài wǔ]라고 읽습니다. 소수점 아래 단위인 毛[máo: 마오]를 생략하고 말하는 것은 앞에서도 다루었죠? 그리고 우리는 '백 원, 천 원'이라고 말하지만 중국어에선 '백, 천, 만' 단위 앞에 一을 꼭 붙여 一百块[이 바이 콰이], 一千块[이 치엔 콰이]라고 말합니다.

또한 마지막 단위를 생략해서 말하는데요. 그래서 280은 两百八[량 바이 빠]라고 읽고, 2800도 마지막 단위인 百를 생략하고 两千八[량 치엔 빠]라고 읽습니다. 그래서 들었을 때 2008로 생각할 수 있으니 유념하세요. (단, 화폐 단위인 块/元을 붙여 말할 때는, 280块[량 바이 빠스 콰이], 2800块[량 치엔 빠바이 콰이]로 숫자의 마지막 단위를 생략하지 않고 말합니다.)

그렇다면 2008은 어떻게 말할까요? 십의 자리 이상에 0이 있으면 零[líng: 링]으로 읽는데, 0이 몇 개가 연속되어 나와도 零은 한 번만 써줍니다. 예를 들어 208은 两百零八[량 바이 링 빠]라고 읽고, 2008은 '两千零八[량 치엔 링 빠]라고 읽는 것이지요.

280	2,800	208	2,008
两百八(十)	两千八(百)	两百零八	两千零八
liǎng bǎi bā (shí)	liǎng qiān bā (bǎi)	liǎng bǎi líng bā	liǎng qiān líng bā

服务员，来一个鱼香肉丝。

▶ 服务员，来 ______ 。

푸 우 위엔　　라이 이 거　위 샹 러우 쓰
- **服务员，来一个鱼香肉丝。**
  Fúwùyuán,　lái yí ge　yúxiāngròusī.

라이 이 완 미 판
- **来一碗米饭。**
  Lái yì wǎn mǐfàn.

라이 량 핑 피 지우
- **来两瓶啤酒。**
  Lái liǎngpíng píjiǔ.

라이 이 팅 크어러
- **来一听可乐。**
  Lái yì tīng kělè.

말하기 공식

服务员，来 + 수사 + 양사 + 음식명 **。**

종업원, __________ 주세요.

여기에서 来[라이]는 앞에서 배운 '오다'라는 뜻이 아니라 "(~을) 가져다 주세요"라는 의미로 쓰였습니다. 뒤에 음식의 수량을 말하면 음식을 주문하는 말이 됩니다. '위샹러우쓰 한 개'는 수사 一[이]와 양사 个[거]를 음식 이름 앞에 붙여 一个鱼香肉丝[이 거 위샹러우쓰]라고 말합니다.

종업원, 위샹러우쓰 하나 주세요.

▶ 음식 주문하기

식당에서 음식을 주문해봅시다.

종업원, 위샹러우쓰 하나 주세요.

밥 한 공기 주세요.

맥주 두 병 주세요.

콜라 한 캔 주세요.

새로 나온 단어

服务员 [fúwùyuán : 푸우위엔]
종업원

来 [lái : 라이] ~을 가져다 주다

个 [ge : 거] 개, 명, 사람

鱼香肉丝 [yúxiāngròusī : 위샹
러우쓰] 어향육사, 어향(생선 맛)
소스를 넣은 고기채 볶음

碗 [wǎn : 완] 공기, 그릇

米饭 [mǐfàn : 미판] 쌀밥

瓶 [píng : 핑] 병

啤酒 [píjiǔ : 피지우] 맥주

听 [tīng : 팅] 캔

可乐 [kělè : 크어러] 콜라

알아두기

■ **중국 식당에 가서 제일 먼저 하는 말**

식당에 가면 우리는 제일 먼저 손을 들고 "여기요!", "사장님!"하고 부릅니다. 중국 식당에서는 똑같이 손을 들고 **服务员!**[푸우위엔]이라고 부르면 됩니다. **服务**[푸우]는 '서비스하다'라는 뜻이고, **服务员**[푸우위엔]은 서비스하는 사람, 즉 종업원을 말합니다. **服务员**은 호텔에서도 호칭할 수 있습니다. "주문할게요!"는 **点菜!**[Diǎn cài: 디엔 차이]라고 하면 됩니다.

사람, 사물을 세는 단위 양사

설명을 잘 읽어보세요. 🎧 20-2. mp3

명사	동사	수사 + 양사❶	명사
服务员,	来	一个	鱼香肉丝。
종업원	주세요	한 개	위샹러우쓰

수량을 셀 때 '한 개, 한 명, 한 병, 한 캔, 한 잔, 한 권…' 하듯이, 중국어에도 사람이나 사물을 세는 단위가 있습니다. 이를 '양사'라고 합니다.❶ 한국어에서는 '맥주 한 병'처럼 보통 '명사 + 수사 + 양사'의 순서로 말하지만, 중국어에서는 一瓶啤酒[yì píng píjiǔ] 즉, '한 병의 맥주'처럼 말합니다.

❶ 다양한 양사

한 사람
一个人 [yí ge rén]

커피 한 잔
一杯咖啡 [yì bēi kāfēi]

책 한 권
一本书 [yì běn shū]

服务员,来一个鸡蛋炒饭。
[Fúwùyuán, lái yí ge jīdànchǎofàn.
푸우위엔, 라이 이 거 지딴차오판]
종업원, 계란볶음밥 하나 주세요.

服务员,来一杯茶。
[Fúwùyuán, lái yì bēi chá.
푸우위엔, 라이 이 뻬이 차]
종업원, 차 한 잔 주세요.

확인하기

✅ 다음 중 양사와 명사가 잘못 짝지어진 것을 고르세요.

(1) **一个人** 사람 한 명　　　(2) **三杯咖啡** 커피 세 잔　　　(3) **五瓶书** 책 다섯 권

해설 책을 세는 양사는 本[번]이므로, '책 다섯 권'은 五本书[우 번 슈]라고 해야 합니다. 瓶[핑]은 병을 세는 단위입니다.

정답 (3)

빈칸에 단어를 넣어 말해보세요.　🎧 20-3. mp3

来**一个鱼香肉丝**。
Lái yí ge yúxiāngròusī.
위샹러우쓰 하나 주세요.

一个宫保鸡丁❶
[yí ge gōngbǎojīdīng : 이 거 꽁바오지띵]
服务员，来 ____________ 。
종업원, 궁보계정 하나 주세요.

一碗酸辣汤❷
[yì wǎn suānlàtāng : 이 완 쑤안라탕]
服务员，来 ____________ 。
종업원, 산라탕 한 그릇 주세요.

一碗面条
[yì wǎn miàntiáo : 이 완 미엔티아오]
服务员，来 ____________ 。
종업원, 국수 한 그릇 주세요.

一瓶白酒
[yì píng báijiǔ : 이 핑 바이지우]
服务员，来 ____________ 。
종업원, 바이주 한 병 주세요.

---

❶ **宫保鸡丁**
깍둑 썰기해서 튀긴 닭고기를 땅콩, 고추 등을 넣고 매콤하게 볶은 요리입니다. 청나라 때 宫保[꽁바오]라는 관직에 있었던 쓰촨성 총독을 위해 만든 요리로, 鸡[지]는 닭, 丁[띵]은 깍둑 썰기한 모양을 말합니다. 우리나라에서는 한자 독음대로 읽어서 보통 '궁보계정'이라고 부르지요.

❷ **酸辣汤**
시큼하고 매운 맛의 국입니다. 酸[쑤안]은 '시다', 辣[라]는 '맵다', 汤[탕]은 '국'을 뜻합니다. 한자 독음대로 읽으면 '산랄탕'이지만 우리나라에서는 보통 부르기 쉽게 '산라탕'이라고 합니다.

📍 단어 더하기

■ 음식 이름　🎧 20-4. mp3

宫保鸡丁 [gōngbǎojīdīng : 꽁바오지띵]
궁보계정(튀긴 닭고기와 견과류 볶음)

酸辣汤 [suānlàtāng : 쑤안라탕] 산라탕,
시큼하고 매운 맛의 국

面条 [miàntiáo : 미엔티아오] 국수

白酒 [báijiǔ : 바이지우] 바이주(배갈, 고량주)

鱼香茄子 [yúxiāngqiézi : 위샹치에즈]
어향(생선 맛) 가지 볶음

糖醋牛肉 [tángcùniúròu : 탕추니우러우]
소고기 탕수육

羊肉串儿 [yángròuchuànr : 양러우추알]
양꼬치

一[yī]의 성조 변화

다음 발음을 듣고 따라해보세요. 🎧 20-5. mp3

❶ 一의 성조 표기
표기할 때에는 원래 성조가 아니라 바뀐 성조로 표기합니다.

❷ 단어 알기
yì bēi kāfēi 一杯咖啡
yì píng píjiǔ 一瓶啤酒
yì běn shū 一本书
yí lù chē 一路车
yí ge rén 一个人

一[이]는 一, 二, 三처럼 단독으로 쓸 때만 1성으로 발음하고, 다른 단어와 결합할 때는 성조가 변합니다. 뒤에 1성, 2성, 3성 단어와 결합할 때는 4성으로 발음하고, 4성, 경성 단어와 결합할 때는 2성으로 발음하지요.❶

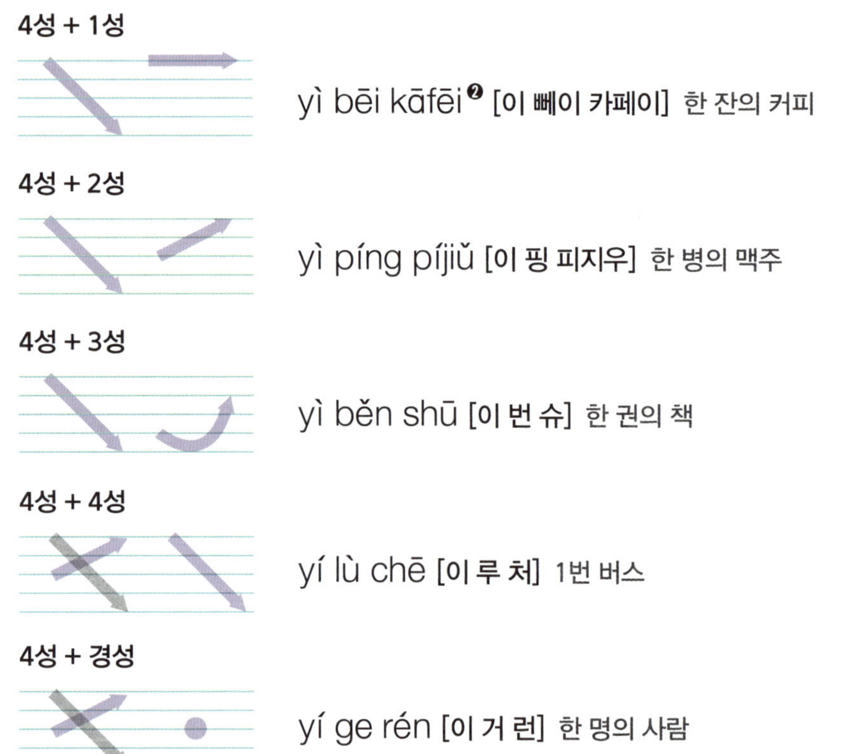

4성 + 1성
yì bēi kāfēi❷ [이 뻬이 카페이] 한 잔의 커피

4성 + 2성
yì píng píjiǔ [이 핑 피지우] 한 병의 맥주

4성 + 3성
yì běn shū [이 번 슈] 한 권의 책

4성 + 4성
yí lù chē [이 루 처] 1번 버스

4성 + 경성
yí ge rén [이 거 런] 한 명의 사람

✔ 녹음을 듣고 yi의 성조를 표시해 보세요. 또한 나머지 세 개와 <u>다르게</u> 발음되는 것을 고르세요.

[　]　　　　[　]　　　　　　[　]　　　　[　]
(1) yi tīng kělè　(2) yi ge yúxiāngròusī　(3) yi wǎn mǐfàn　(4) yi píng píjiǔ

해설 (1) yì, (2) yí, (3) yì, (4) yì로, 경성 앞의 yī는 2성으로 발음합니다.

정답 (1) ＼ (2) ／ (3) ＼ (4) ＼ / (2)

중국 자치구 발음하기

중국에는 총 5개의 자치구가 있습니다. 자치구란 한족이 아닌 소수민족❶
이 그 지역을 직접 행정 관리를 하는 지역을 말합니다.

❶ 内蒙古自治区   Nèiměnggǔ zìzhìqū
네이 멍구 쯔 즈취

❷ 宁夏回族自治区 ❷   Níngxià huízú zìzhìqū
닝 시아 후이 주 쯔 즈취

❸ 新疆维吾尔自治区   Xīnjiāng wéiwú'ěr zìzhìqū
신 지앙 웨이 우 얼 쯔 즈취

❹ 西藏自治区   Xīzàng zìzhìqū
시 짱 쯔 즈취

❺ 广西壮族自治区   Guǎngxī zhuàngzú zìzhìqū
광 시 쭈앙 주 쯔 즈취

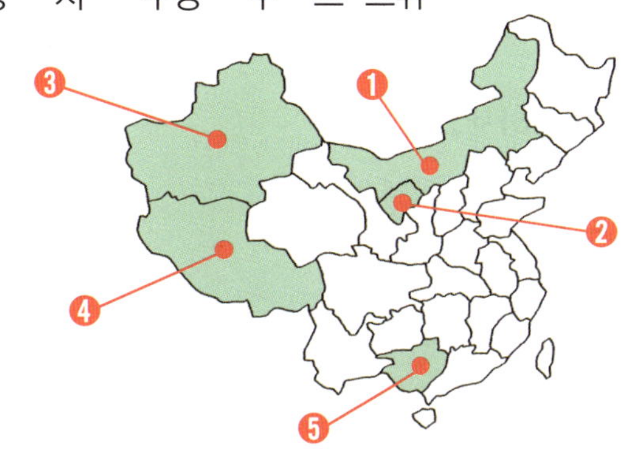

❶ 소수민족

중국에는 한족(汉族)을 포함해 총 56개의 민족이 있는데, 대다수를 차지하는 한족을 제외한 나머지 민족을 소수민족이라고 합니다. 조선족 朝鲜族[Cháoxiānzú]도 소수민족 중 하나입니다. 소수민족 중 가장 인구가 많은 민족은 장족(壮族)입니다.

❷ 영하회족 자치구

회족(回族)은 장족(壮族)과 위구르족(维吾尔族)에 이어 세 번째로 인구가 많은 소수민족이며, 이슬람교를 신봉합니다.

확인하기

☑ 녹음을 듣고 중국의 자치구 <u>두 곳</u>의 한어병음을 써보세요.

(1)   (2)

해설 (1) 内蒙古自治区 [Nèiměnggǔ zìzhìqū], (2) 西藏自治区 [Xīzàng zìzhìqū]입니다.

정답 (1) Nèiměnggǔ zìzhìqū   (2) Xīzàng zìzhìqū

1 다음 중 不와 一의 성조가 나머지 3개와 다르게 발음되는 것을 고르세요.

(1) ① 不喝　　② 不去　　③ 不好　　④ 不来

(2) ① 一杯　　② 一碗　　③ 一个　　④ 一瓶

2 제시된 명사에 알맞은 양사(단위)를 써 보세요.

(1) ☐ 人[rén] / 鱼香肉丝[yúxiāngròusī]

(2) ☐ 茶[chá] / 咖啡[kāfēi]

(3) ☐ 米饭[mǐfàn] / 酸辣汤[suānlàtāng]

(4) ☐ 白酒[báijiǔ] / 啤酒[píjiǔ]

3 다음 문장을 중국어로 완성하세요.

(1) 위샹러우쓰 하나 주세요. → ☐☐☐ 鱼香肉丝。

(2) 맥주 한 병 주세요. → ☐☐☐☐☐。

(3) 차 한 잔 주세요. → ☐☐☐☐。

4 다음 단어가 들어갈 위치를 골라보세요.

个

① 服务员，② 来 ③ 一 ④ 鸡蛋炒饭。

이름만 보면 맛을 안다

중국 요리는 이름만 보면 조리법, 음식 모양, 재료 등을 알 수가 있습니다.

'중국 요리' 하면 제일 먼저 떠올리는 짜장면(炸酱面)을 예로 들어봅시다. 炸[zhá]는 '기름을 사용해 강한 불로 단시간에 튀기다'라는 의미입니다. 酱[jiàng]은 짜장 소스이고, 面[miàn]은 밀가루로 만든 면입니다. 그렇기 때문에 炸酱面[Zhájiàngmiàn]이란 이름에서 조리법, 재료를 알 수 있지요. 그러면 조리법과 음식 모양, 음식 재료를 뜻하는 중국어를 알아볼까요?

조리법

炒 [chǎo: 차오] 볶다

烤 [kǎo: 카오] 굽다

煎 [jiān: 지엔] 지지다, 부치다

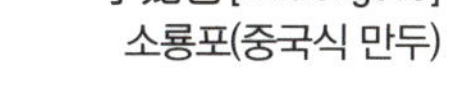

小笼包 [xiǎolóngbāo]
소룡포(중국식 만두)

음식 모양

片 [piàn: 피엔] 얇게 저민 것

丁 [dīng: 띵] 깍둑 썬 것

包 [bāo: 빠오] 얇은 것으로 싸는 것

丝 [sī: 쓰] 채 썬 것

条 [tiáo: 티아오] 가늘고 긴 모양으로 자른 것

卷 [juǎn: 쥐엔] 둘둘 말아놓은 것

음식 재료

猪 [zhū: 쭈] 돼지

鸭 [yā: 야] 오리

羊 [yáng: 양] 양

白菜 [báicài: 바이차이] 배추

蒜 [suàn: 쑤안] 마늘

牛 [niú: 니우] 소

鸡 [jī: 지] 닭

黄瓜 [huángguā: 황구아] 오이

西红柿 [xīhóngshì: 씨훙스] 토마토

葱 [cōng: 총] 파

羊肉串儿 [yángròuchuànr]
양꼬치

炒饭 [chǎofàn]
볶음밥

◆ 정답과 해설은 233~234쪽에 있습니다.

1 다음 표의 빈칸에 간체자나 병음, 우리말 뜻을 쓰세요.

단어	병음	뜻
手机		휴대폰
		음식, 요리
什么	shénme	
鸡		닭
星期		
	hào	일
点	diǎn	
		날씨
块		위엔(화폐 단위)

2 아래 문장에 들어갈 단어를 [보기]에서 고르고 병음을 쓰세요.

[보기]　　会　　想　　要

(2) 我 ☐ 去中国。　나는 중국에 가고 싶어요.

Wǒ _________ qù Zhōngguó.

(3) 我 ☐ 做日本菜。　나는 일본 음식을 만들 줄 알아요.

Wǒ _________ zuò Rìběncài.

(4) 你 ☐ 买什么?　당신은 무엇을 사려고 하세요?

Nǐ _________ mǎi shénme?

3 우리말 뜻에 맞게 알맞은 단어를 괄호 안에서 고르세요.

(1) 今天星期(几/一)?　오늘은 무슨 요일입니까?

(2) 明天(是/不是)六号。　내일은 6일이 아니에요.

4 [보기]처럼 문장 끝에 吧를 붙여 청유문을 만들어보세요.

[보기]　　我们两点见。 = 我们两点见吧。　우리 두 시에 만나자.

(1) 我们十点上课。 = ________________________。　우리 10시에 수업하자.

(2) 我们吃中国菜。 = ________________________。　우리 중국 음식 먹자.

(3) 我们喝咖啡。　 = ________________________。　우리 커피 마시자.

5 [보기]에서 알맞은 의문사를 골라 문장을 완성해보세요.

[보기]　　　怎么样　　　多少钱　　　几　　　什么

(1) 今天天气 __________?　오늘 날씨 어때요?

(2) 今天______月______号?　오늘은 몇 월 며칠이에요?

(3) 一共 __________?　모두 얼마예요?

6 제시된 단어를 순서에 맞게 문장으로 완성해보세요.

(1) 一个 / 服务员， / 来 / 鱼香肉丝

→ ________________________________。

종업원, 위샹러우쓰 하나 주세요.

(2) 做 / 不会 / 我 / 泰国菜

→ ________________________________。

나는 태국 음식을 할 줄 몰라요.

3

더 알아두기

- 한눈에 보는 **문법 정리표**
- 생각보다 쉬운 **여행 중국어**
- 한자로 찾는 **중국어 단어장**

● 인칭대명사

중국어의 인칭대명사는 주어와 목적어, 전치사구의 형태로 쓰일 수 있습니다. 영어처럼 목적어가 된다고 해서
형태가 바뀌거나 하지 않습니다. 복수형, 즉 여러 명을 나타내고 싶으면 끝에 们[먼]을 붙여 표현합니다.

명사	1인칭	2인칭	3인칭		
단수형	我 [워] 나	你 [니] 너	他 [타] 그	她 [타] 그녀	它 [타] 그것
복수형	我们 [워먼] 우리들	你们 [니먼] 너희들	他们 [타먼] 그들	她们 [타먼] 그녀들	它们 [타먼] 그것들

● 형용사 술어문, 동사 술어문, 명사 술어문

'~이다'를 나타내는 말, 즉 술어로는 형용사도 쓸 수 있고 동사도 쓸 수도 있습니다. 그리고 따로 동사 없이 명사
만 쓸 수도 있지요.

형용사 술어문	你好! [니 하오] 我很高兴。 [워 헌 까오싱] 他不矮。 [타 뿌 아이]	안녕하세요! 저는 기뻐요. 그는 키가 작지 않아요.
동사 술어문	我是韩国人。 [워 스 한궈런] 我有电脑。 [워 여우 띠엔나오] 我学汉语。 [워 쉬에 한위]	나는 한국 사람입니다. 나는 컴퓨터가 있어요. 나는 중국어를 배워요.
명사 술어문	我今年30岁。 [워 진니엔 싼스 쑤이] 今天星期一。 [진티엔 싱치이] 一共100块。 [이꽁 이 바이 콰이]	나는 올해 30세입니다. 오늘은 월요일이에요. 모두 100위엔입니다.

긍정문의 술어에 不[뿌]를 붙이면 부정문이 되고, 긍정문 문장 끝에 吗[마]를 붙이면 의문문이 됩니다. 다만 有[여우]가 있는 문장을 부정할 때에는 没有[메이여우]를 씁니다. 또한 문장 끝에 吧[바]를 붙이면, '~하자'란 청유문이 됩니다.

긍정문	我很高兴。[워 헌 까오싱] 我是韩国人。[워 스 한궈런] 我有电脑。[워 여우 띠엔나오]	나는 기뻐요. 나는 한국 사람입니다. 나는 컴퓨터가 있어요.
부정문	我不高兴。[워 뿌 까오싱] 我不是韩国人。[워 부스 한궈런] 我没有电脑。[워 메이여우 띠엔나오]	나는 기쁘지 않아요. 나는 한국 사람이 아니에요. 나는 컴퓨터가 없어요.
의문문	你高兴吗？[니 까오싱 마] 你高兴不高兴？[니 까오싱 뿌 까오싱] 你是韩国人吗？[니 스 한궈런 마] 你是不是韩国人？[니 스 부스 한궈런] 你有电脑吗？[니 여우 띠엔나오 마] 你有没有电脑？[니 여우 메이여우 띠엔나오]	당신은 기뻐요? 당신은 한국 사람입니까? 당신은 컴퓨터가 있어요?
청유문	我们两点见吧！[워먼 량디엔 지엔 바] 我们十点上课吧！[워먼 스디엔 샹커 바] 我们六点下班吧！[워먼 리우디엔 시아빤 바]	우리 2시에 만나요! 우리 10시에 수업해요! 우리 6시에 퇴근해요!

● 기본 형용사

사물이나 사람의 성질을 나타내는 말을 형용사라고 합니다. 중국어에서는 동사뿐 아니라 형용사도 술어가 될 수 있습니다.

상태·감정을 나타내는 형용사	외모를 나타내는 형용사	사물의 성질을 나타내는 형용사
好[하오] 잘 지내다, 좋다	高[까오] 키가 크다	贵[꾸이] 비싸다
忙[망] 바쁘다	矮[아이] 키가 작다	便宜[피엔이] 싸다
饿[으어] 배고프다	帅[슈아이] 잘생기다	大[따] 크다
高兴[까오싱] 기쁘다	胖[팡] 뚱뚱하다	小[시아오] 작다
饱[바오] 배부르다	瘦[셔우] 마르다	多[뚜어] 많다
疼[텅] 아프다	漂亮[피아오량] 예쁘다	少[샤오] 적다
累[레이] 피곤하다		快[콰이] 빠르다
渴[크어] 목마르다		慢[만] 느리다
困[쿤] 졸리다		难[난] 어렵다
舒服[슈푸] 편안하다		容易[룽이] 쉽다

● 기본 동사

사람이나 사물의 움직임이나 존재, 소유를 나타내는 말을 동사라고 합니다. 일반적으로 동사는 문장에서 술어로 씁니다.

존재와 동작 동사	사람 소개할 때 쓰는 동사	학습 관련 동사	기타 알아둘 동사
是[스] ~이다	叫[지아오] ~라고 불리다	学[쉬에] 배우다	买[마이] 사다
有[여우] ~을 가지고 있다	姓[싱] 성이 ~이다	教[지아오] 가르치다	卖[마이] 팔다
在[짜이] ~에 있다		听[팅] 듣다	拍[파이] (사진) 찍다
去[취] 가다		说[슈어] 말하다	点[디엔] 주문하다
看[칸] 보다		读[두] 읽다	做[쭈어] 하다
吃[츠] 먹다		写[시에] 쓰다	
喝[흐어] 마시다			

조동사는 동사를 도와주는 말로, 조동사 단독으로는 쓸 수 없고 '조동사+동사'의 형태로 씁니다. 조동사 중에는 따로 의미를 가지고 동사로 쓰이는 것도 있으니 구별해야 합니다.

想 ~하고 싶다	我想去中国。[워 샹 취 쭝궈] 我想喝咖啡。[워 샹 흐어 카페이]	나는 중국에 가고 싶어요. 나는 커피를 마시고 싶어요.
会 ~할 줄 알다	我会说汉语。[워 후이 슈어 한위] 我会游泳。[워 후이 여우용]	나는 중국어를 말할 줄 알아요. 나는 수영을 할 줄 알아요.
要 ~하려고 하다	你要吃什么？[니 야오 츠 션머] 你要点什么？[니 야오 디엔 션머]	당신은 무엇을 먹으려고 해요? 당신은 무엇을 주문하려고 해요?

● 의문사

의문사의 정확한 명칭은 '의문대명사'로, 무엇, 누구, 어디 등의 의미를 가집니다. 의문사는 단어 자체에 의문의 뜻이 있기 때문에 의문문을 만들 때 의문사를 쓰면 문장 끝에 의문조사 吗를 붙이지 않습니다.

什么 무엇, 무슨	你要吃什么？[니 야오 츠 션머]] 你要买什么？[니 야오 마이 션머]	당신은 무엇을 먹으려고 해요? 당신은 무엇을 사려고 해요?
几 몇	今天星期几？[진티엔 싱치 지] 今天几月几号？[진티엔 지 위에 지 하오] 你几点下课？[니 지 디엔 시아커]	오늘은 무슨 요일이에요? 오늘은 몇 월 며칠이에요? 당신은 몇 시에 수업이 끝나요?
怎么样？ 어때요?	今天天气怎么样？ [진티엔 티엔치 전머양]	오늘 날씨 어때요?

생각보다 쉬운 **여행 중국어**

공항에서

베이징행 비행기를 예약하고 싶어요.

我想订去北京的机票。
[워 샹 띵 취 베이징 더 지피아오]

订 [띵] 예약하다 　　机票 [지피아오] 비행기표

왕복입니다. / 편도입니다.

往返的。 / 单程的。
[왕판 더]　　　　[딴청 더]

往返 [왕판] 왕복 　　单程 [딴청] 편도

여권 여기 있습니다.

护照在这儿。 / 护照给您。
[후자오 짜이 쩔]　　　　[후자오 게이 닌]

护照 [후자오] 여권 　　这儿 [쩔] 여기 　　给 [게이] ~에게 …을 주다

여행하러 왔습니다.

我是来旅游的。
[워 스 라이 뤼여우 더]

是…的 [스…더] (방법·시간 등을 강조) 　　来 [라이] 오다
旅游 [뤼여우] 여행하다

3일 머물 예정입니다.

我要呆三天。
[워 야오 따이 싼 티엔]

呆 [따이] 머무르다 　　三天 [싼 티엔] 3일

처음 왔습니다.

第一次来的。
[띠이츠 라이 더]

第一次 [띠이츠] 처음

수하물 찾는 곳은 어디입니까?

行李在哪儿拿?
[싱리 짜이 날 나]

行李 [싱리] 짐 　　在哪儿 [짜이 날] 어디에서 　　拿 [나] 들다

비행기에서

물 한 컵 주세요.

请给我一杯水。
[칭 게이 워 이 뻬이 슈이]

请 [칭] ~해 주세요 　　给 [게이] ~에게 …을 주다 　　水 [슈이] 물

커피 한 잔 주세요.	**请给我一杯咖啡。** [칭 게이 워 이 뻬이 카페이] 咖啡[카페이] 커피
담요 주세요.	**请给我毯子。** [칭 게이 워 탄즈] 毯子[탄즈] 담요
중국에는 언제 도착하나요?	**什么时候到中国？** [션머 스허우 따오 쭝궈] 什么时候[션머 스허우] 언제　 到[따오] 도착하다
한국에는 언제 도착하나요?	**什么时候到韩国？** [션머 스허우 따오 한궈]
입국신고서 주세요.	**请给我入境卡。** [칭 게이 워 루징카] 入境卡[루징카] 입국신고서
면세품을 사고 싶어요.	**我想买免税品。** [워 샹 마이 미엔슈이핀] 免税品 [미엔슈이핀] 면세품

호텔에서

🎧 21-3. mp3

예약하고 싶습니다.	**我想预订。** [워 샹 위띵] 预订 [위띵] 예약하다
1인실[2인실] 주세요.	**我要单人间[标准间]。** [워 야오 딴런지엔[삐아오준지엔]] 单人间 [딴런지엔] 1인실　 标准间 [삐아오준지엔] 2인실
하룻밤에 얼마예요?	**一个晚上多少钱？** [이 거 완샹 뚸어샤오 치엔]
방을 청소해줄 수 있나요?	**可以打扫房间吗？** [커이 다사오 팡지엔 마] 可以[커이] ~할 수 있다　 打扫[다사오] 청소하다　 房间 [팡지엔] 방
에어컨이 고장 났어요.	**空调有问题。** [콩티아오 여우 원티] 空调[콩티아오] 에어컨　 问题[원티] 문제

제 방 번호는 1203호입니다.

我的房间号码是1203。
[워 더 팡지엔 하오마 스 야오 얼 링 싼]

我的房间[워 더 팡지엔] 나의 방   号码[하오마] 번호

▶ 방 번호 등과 같은 숫자 정보는 1, 2, 0, 3처럼 하나씩 읽으며, 1은 쉽게 구분하기 위해 [yāo]로 읽기도 합니다.

모닝콜 해주세요.

我要个叫醒电话。
[워 야오 거 지아오싱 띠엔화]

要[야오] 필요하다   个[거] (전화 한) 통   叫醒[지아오싱] 깨우다
电话[띠엔화] 전화

아침 식사는 몇 시부터죠?

早餐几点开始?
[자오찬 지 디엔 카이스]

早餐[자오찬] 아침 식사   开始[카이스] 시작하다

관광지에서

21-4. mp3

기사님, 베이징 호텔로 갑시다!

师傅，去北京饭店(宾馆/酒店)！
[스푸, 취 베이징 판띠엔(삔관/지우띠엔)]

师傅[스푸] 기사   北京饭店[베이징 판띠엔] 베이징 호텔

얼마나 걸립니까?

需要多长时间?
[쉬야오 뚜어창 스지엔]

需要[쉬야오] (시간이) ~걸리다   多长时间[뚜어창 스지엔] 얼마나

화장실이 어디예요?

洗手间在哪儿?
[시셔우지엔 짜이 날]

洗手间[시셔우지엔] 화장실

환영합니다. 몇 분이시죠?

欢迎光临，几位?
[후안잉 꽝린, 지 웨이]

欢迎[후안잉] 환영하다   光临[꽝린] 오시다   位[웨이] 분

세 명입니다.

三个人。
[싼 거 런]

종업원, 메뉴판 주세요.

服务员，请给我菜单。
[푸우위엔, 칭 게이 워 차이딴]

服务员[푸우위엔] 종업원   菜单[차이딴] 메뉴

주문할게요.

我要点菜。
[워 야오 디엔 차이]

点菜[디엔 차이] 주문하다

차가운 것으로 주세요.

我要冰的。
[워 야오 삥 더]
冰的[삥 더] 차가운 것

입장료는 얼마예요?

门票多少钱?
[먼피아오 뚜어샤오 치엔]
门票 [먼피아오] 입장료

2장 주세요.

给我两张票。
[게이 워 량 짱 피아오]
张 [짱] 종이 등을 세는 단위　　票[피아오] 표, 티켓

사진 좀 찍어주세요.

请帮我拍一下。
[칭 빵 워 파이 이시아]
帮[빵] 돕다　　拍[파이] 찍다　　一下[이시아] 좀 ~하다

한자로 찾는 **중국어 단어장**

01 你好!   22-1. mp3

你 [nǐ:니]　　　　　　　　　너, 당신
▶ 너 **니**

好 [hǎo:하오]　　　　　　　안녕하다
▶ 좋을 **호**

老师 [lǎoshī:라오스]　　　　선생님
▶ 늙을 **로** + 스승 **사**(師)

大家 [dàjiā:따지아]　　　　모두, 다들
▶ 큰 **대** + 집 **가**

早上 [zǎoshang:자오상]　　아침
▶ 이를 **조** + 위 **상**

你们 [nǐmen:니먼]　　　　너희들, 당신들
▶ 너 **니** + 들 **문**(們)

晚上 [wǎnshang:완상]　　저녁
▶ 늦을 **만** + 위 **상**

爸爸 [bàba:빠바]　　　　　아빠
▶ 아버지 **파**

妈妈 [māma:마마]　　　　　엄마
▶ 어머니 **마**(媽)

哥哥 [gēge:끄어그어]　　　오빠, 형
▶ 형 **가**

姐姐 [jiějie:지에지에]　　　언니, 누나
▶ 누이 **저**

弟弟 [dìdi:띠디]　　　　　남동생
▶ 아우 **제**

妹妹 [mèimei:메이메이]　　여동생
▶ 누이 **매**

叔叔 [shūshu:슈슈]　　　　삼촌, 아저씨
▶ 아저씨 **숙**

阿姨 [āyí:아이]　　　　　이모, 아주머니
▶ 언덕 **아** + 이모 **이**

02 你好吗?   22-2. mp3

吗 [ma:마]　　　~세요?(의문문을 만드는 조사)
▶ 약 이름, 어조사 **마**(嗎)

他 [tā:타]　　　　　　　　그
▶ 남 **타**

她 [tā:타]　　　　　　　　그녀
▶ 그녀 **타**

也 [yě:이에]　　　　　　~도(또한)
▶ 어조사 **야**

女儿 [nǚ'ér:뉘얼]　　　　딸
▶ 여자 **녀** + 아이 **아**(兒)

儿子 [érzi:얼즈]　　　　　아들
▶ 아이 **아**(兒) + 아들 **자**

奶奶 [nǎinai:나이나이]　　할머니
▶ 젖, 어머니 **내**(嬭)

爷爷 [yéye:이에이에]　　　할아버지
▶ 아버지 **야**(爺)

丈夫 [zhàngfu:짱푸]　　　남편
▶ 어른 **장** + 지아비 **부**

妻子 [qīzi:치즈]　　　　　아내
▶ 아내 **처** + 아들, 접미사 **자**

老大 [lǎodà:라오따]　　　첫째
▶ 늙을 **로** + 큰 **대**

老二 [lǎo'èr:라오얼]　　　둘째
▶ 늙을 **로** + 두 **이**

老三 [lǎosān:라오싼]　　　셋째
▶ 늙을 **로** + 셋 **삼**

老幺 lǎoyāo [라오야오]　　막내
▶ 늙을 **로** + 작을 **요**

03 我很忙。　🎧 22-3. mp3

我 [wǒ:워]　　나
▶ 나 **아**

很 [hěn:헌]　　매우, 아주
▶ 매우 **흔**

忙 [máng:망]　　바쁘다
▶ 바쁠 **망**

饿 [è:으어]　　배고프다
▶ 주릴 **아(餓)**

高兴 [gāoxìng:까오싱]　　기쁘다
▶ 높을 고 + 일 **흥(興)**

饱 [bǎo:바오]　　배부르다
▶ 배부를 **포(飽)**

疼 [téng:텅]　　아프다
▶ 아플 **동**

累 [lèi:레이]　　피곤하다
▶ 여러, 지칠 **루**

渴 [kě:크어]　　목마르다
▶ 목마를 **갈**

困 [kùn:쿤]　　졸리다
▶ 졸릴 **곤**

舒服 [shūfu:슈푸]　　편안하다
▶ 펼 서 + 옷 **복**

开心 [kāixīn:카이신]　　기쁘다
▶ 열 **개(開)** + 마음 **심**

快乐 [kuàilè:콰일러]　　즐겁다
▶ 쾌할, 빠를 **쾌** + 즐거울 **락(樂)**

幸福 [xìngfú:싱푸]　　행복하다
▶ 행복 **행** + 복 **복**

满意 [mǎnyì:만이]　　만족스럽다
▶ 가득 찰 **만(滿)** + 뜻 **의**

04 他不矮。　🎧 22-4. mp3

不 [bù:뿌]　　~하지 않다
▶ 아닐 **불**

矮 [ǎi:아이]　　(키가) 작다
▶ 난쟁이 **왜**

帅 [shuài:슈아이]　　잘생기다
▶ 장수 **수(帥)**

胖 [pàng:팡]　　뚱뚱하다
▶ 클, 살찔 **반**

聪明 [cōngming:총밍]　　똑똑하다, 현명하다
▶ 귀 밝을 **총(聰)** + 밝을 **명**

高 [gāo:까오]　　(키가) 크다, 높다
▶ 높을 **고**

漂亮 [piàoliang:피아오량]　　예쁘다
▶ 떠다닐 **표** + 밝을 **량(亮)**

热情 [rèqíng:르어칭]　　친절하다
▶ 더울 **열(熱)** + 뜻 **정**

瘦 [shòu:셔우]　　마르다, 여위다
▶ 여윌 **수**

好看 [hǎokàn:하오칸]　　예쁘다, 보기 좋다
▶ 좋을 호 + 볼 간

善良 [shànliáng:산량]　　착하다
▶ 착할 선 + 좋을 **량**

外向 [wàixiàng:와이샹]　　외향적이다
▶ 밖 외 + 향할, 경향 **향**

内向 [nèixiàng:네이샹]　　내성적이다
▶ 안 내 + 향할, 경향 **향**

05 这个贵不贵?　🎧 22-5. mp3

这 [zhè:쩌]　　이, 이것
▶ 이 **저(這)**

个 [ge:거]　　개, 명
▶ 낱 **개(個)**

贵 [guì:꾸이]　　비싸다
▶ 귀할 **귀(貴)**

大 [dà:따]　　크다
▶ 큰 **대**

多 [duō:뚜어]　　많다
▶ 많을 **다**

那 [nà:나]　　그, 저것
▶ 저 **나**

| 快 [kuài:콰이] | 빠르다 |
| ▶ 쾌할, 빠를 쾌 | |

| 难 [nán:난] | 어렵다 |
| ▶ 어려울 난(難) | |

| 容易 [róngyi:롱이] | 쉽다 |
| ▶ 얼굴 용 + 쉬울 이 | |

| 小 [xiǎo:시아오] | (크기가) 작다 |
| ▶ 작을 소 | |

| 少 [shǎo:샤오] | (양이) 적다 |
| ▶ 적을 소 | |

| 慢 [màn:만] | 느리다 |
| ▶ 느릴 만 | |

| 便宜 [piányi:피엔이] | 싸다, 저렴하다 |
| ▶ 편할 편 + 마땅할 의 | |

| 长 [cháng:창] | 길다 |
| ▶ 길 장(長) | |

| 短 [duǎn:두안] | 짧다 |
| ▶ 짧을 단 | |

| 重 [zhòng:쫑] | 무겁다 |
| ▶ 무거울 중 | |

| 轻 [qīng:칭] | 가볍다 |
| ▶ 가벼울 경(輕) | |

06 我是韩国人。　🎧 22-6. mp3

| 是 [shì:스] | ~이다 |
| ▶ 옳을 시 | |

| 韩国 [Hánguó:한궈] | 한국 |
| ▶ 나라 이름 한(韓) + 나라 국(國) | |

| 人 [rén:런] | 사람 |
| ▶ 사람 인 | |

| 美国 [Měiguó:메이궈] | 미국 |
| ▶ 아름다울 미 + 나라 국(國) | |

| 日本 [Rìběn:르번] | 일본 |
| ▶ 해 일 + 근본 본 | |

| 中国 [Zhōngguó:쫑궈] | 중국 |
| ▶ 가운데 중 + 나라 국(國) | |

| 英国 [Yīngguó:영궈] | 영국 |
| ▶ 꽃부리 영 + 나라 국(國) | |

| 泰国 [Tàiguó:타이궈] | 태국 |
| ▶ 클 태 + 나라 국(國) | |

| 法国 [Fǎguó:파궈] | 프랑스 |
| ▶ 법 법 + 나라 국(國) | |

| 越南 [Yuènán:위에난] | 베트남 |
| ▶ 뛰어넘을 월 + 남녘 남 | |

| 德国 [Déguó:더궈] | 독일 |
| ▶ 덕 덕 + 나라 국(國) | |

| 瑞士 [Ruìshì:루이스] | 스위스 |
| ▶ 상서 서 + 선비 사 | |

| 印度 [Yìndù:인뚜] | 인도 |
| ▶ 도장 인 + 법도 도 | |

| 菲律宾 [Fēilùbīn:페이뤼삔] | 필리핀 |
| ▶ 엷을 비 + 법칙 률 + 손님 빈 | |

| 新加坡 [Xīnjiāpō:신지아포] | 싱가포르 |
| ▶ 새 신 + 더할 가 + 언덕 파 | |

07 我叫孙悟空。　🎧 22-7. mp3

| 叫 [jiào:지아오] | ~라고 불리다 |
| ▶ 부르짖을 규 | |

| 孙悟空 [Sūn Wùkōng:쑨 우콩] | 손오공 |
| ▶ 성씨 손 + 깨달을 오 + 빌 공 | |

| 姓 [xìng:싱] | 성이 ~이다 |
| ▶ 성씨 성 | |

| 孙 [Sūn:쑨] | 성씨 손 |
| ▶ 성씨 손 | |

| 猪八戒 [Zhū Bājiè:쭈 빠지에] | 저팔계 |
| ▶ 성씨 저 + 여덟 팔 + 경계할 계 | |

| 沙悟净 [Shā Wùjìng:샤 우징] | 사오정 |
| ▶ 성씨 사 + 깨달을 오 + 깨끗할 정 | |

| 金 [Jīn:진] | 김 |
| ▶ 성씨 김 | |

| 李 [Lǐ:리] | 이 |
| ▶ 성씨 이 | |

朴 [Piáo:피아오]　　　　　　　　　　박
▶ 성씨 **박**

崔 [Cuī:추이]　　　　　　　　　　　최
▶ 성씨 **최**

郑 [Zhèng:쩡]　　　　　　　　　　　정
▶ 성씨 **정(鄭)**

姜 [Jiāng:지앙]　　　　　　　　　　강
▶ 성씨 **강**

赵 [Zhào:짜오]　　　　　　　　　　조
▶ 성씨 **조(趙)**

张 [Zhāng:짱]　　　　　　　　　　　장
▶ 성씨 **장(張)**

林 [Lín:린]　　　　　　　　　　　　임
▶ 성씨 **임**

08　我有电脑。　🎧 22-8. mp3

有 [yǒu:여우]　　　　　　　　～을 가지고 있다
▶ 있을 **유**

电脑 [diànnǎo:띠엔나오]　　　　　　컴퓨터
▶ 전기 **전(電)** + 뇌 **뇌(腦)**

没有 [méiyǒu:메이여우]　　　없다, 가지고 있지 않다
▶ 없을 **몰(沒)** + 있을 **유**

手机 [shǒujī:셔우지]　　　　　　　휴대폰
▶ 손 **수** + 기계 **기(機)**

钱 [qián:치엔]　　　　　　　　　　돈
▶ 돈 **전(錢)**

书 [shū:슈]　　　　　　　　　　　책
▶ 책 **서(書)**

电视 [diànshì:띠엔스]　　　　텔레비전, TV
▶ 전기 **전(電)** + 볼 **시(視)**

眼镜 [yǎnjìng:이엔징]　　　　　　안경
▶ 눈 **안** + 거울 **경(鏡)**

钱包 [qiánbāo:치엔빠오]　　　　　지갑
▶ 돈 **전(錢)** + 쌀 **포**

书包 [shūbāo:슈빠오]　　　　　　책가방
▶ 책 **서(書)** + 쌀 **포**

护照 [hùzhào:후짜오]　　　　　　여권
▶ 보호할 **호(護)** + 비칠 **조**

行李 [xíngli:싱리]　　　　　　　짐
▶ 갈 **행** + 오얏 **리**

09　我在公园。　🎧 22-9. mp3

在 [zài:짜이]　　　　　　　　～에 있다
▶ 있을 **재**

家 [jiā:지아]　　　　　　　　　집
▶ 집 **가**

公园 [gōngyuán:꽁위엔]　　　　공원
▶ 함께할 **공** + 동산 **원(園)**

医院 [yīyuàn:이위엔]　　　　　병원
▶ 치료할 **의(醫)** + 집 **원**

居民中心 [jūmínzhōngxīn:쮜민쫑신]　주민센터
▶ 살 **거** + 백성 **민** + 가운데 **중** + 마음 **심**

邮局 [yóujú:여우쮜]　　　　　　우체국
▶ 우편 **우(郵)** + 판 **국**

银行 [yínháng:인항]　　　　　　은행
▶ 은 **은(銀)** + 갈 **행**, 항렬 **항**

酒店 [jiǔdiàn:지우띠엔]　　　　호텔
▶ 술 **주** + 가게 **점**

商店 [shāngdiàn:샹띠엔]　　　　상점
▶ 헤아릴 **상** + 가게 **점**

书店 [shūdiàn:슈띠엔]　　　　　서점
▶ 책 **서(書)** + 가게 **점**

电影院 [diànyǐngyuàn:띠엔잉위엔]　영화관
▶ 전기 **전(電)** + 그림자 **영** + 집 **원**

学校 [xuéxiào:쉬에시아오]　　　학교
▶ 배울 **학(學)** + 학교 **교**

餐厅 [cāntīng:찬팅]　　　　　　식당
▶ 먹을 **찬** + 관청 **청(廳)**

图书馆 [túshūguǎn:투슈관]　　　도서관
▶ 그림 **도(圖)** + 책 **서(書)** + 집 **관(館)**

火车站 [huǒchēzhàn:훠처짠]　　기차역
▶ 불 **화** + 차 **차(車)** + 역마을, 설 **참**

10 我学汉语。　🎧 22-10. mp3

学 [xué:쉬에]　　　　공부하다
▶ 배울 **학**(學)

汉语 [Hànyǔ:한위]　　　중국어
▶ 한나라 **한**(漢) + 말씀 **어**(語)

日语 [Rìyǔ:르위]　　　일본어
▶ 해 **일** + 말씀 **어**(語)

英语 [Yīngyǔ:잉위]　　영어
▶ 꽃부리 **영** + 말씀 **어**(語)

韩语 [Hányǔ:한위]　　한국어
▶ 나라 이름 **한**(韓) + 말씀 **어**(語)

汉字 [Hànzì:한쯔]　　한자
▶ 한나라 **한**(漢) + 글자 **자**

书法 [shūfǎ:슈파]　　서예
▶ 책 **서**(書) + 법 **법**

画儿 [huàr:활]　　　그림
▶ 그림 **화**(畵) + 아이 **아**(兒)

德语 [Déyǔ:더위]　　독일어
▶ 덕 **덕** + 말씀 **어**(語)

法语 [Fǎyǔ:파위]　　프랑스어
▶ 법 **법** + 말씀 **어**(語)

泰语 [Tàiyǔ:타이위]　태국어
▶ 클 **태** + 말씀 **어**(語)

西班牙语 [Xībānyáyǔ:시빤야위]　스페인어
▶ 서쪽 **서** + 나눌 **반** + 어금니 **아** + 말씀 **어**(語)

围棋 [wéiqí:웨이치]　　바둑
▶ 에워쌀 **위**(圍) + 바둑 **기**

舞蹈 [wǔdǎo:우다오]　　춤
▶ 춤 출 **무** + 밟을 **도**

11 我想去中国。　🎧 22-11. mp3

想 [xiǎng:샹]　　　～하고 싶다
▶ 생각할 **상**

去 [qù:취]　　　가다
▶ 갈 **거**

饭 [fàn:판]　　　밥
▶ 밥 **반**(飯)

咖啡 [kāfēi:카페이]　　커피
▶ 커피 **가** + 커피 **배**

年糕 [niángāo:니엔까오]　　떡
▶ 해 **년** + 떡 **고**

看 [kàn:칸]　　　보다
▶ 볼 **간**

电影 [diànyǐng:띠엔잉]　　영화
▶ 전기 **전**(電) + 그림자 **영**

听 [tīng:팅]　　　듣다
▶ 들을 **청**(聽)

音乐 [yīnyuè:인위에]　　음악
▶ 소리 **음** + 음악 **악**(樂)

拍 [pāi:파이]　　　찍다
▶ 칠 **박**

照片 [zhàopiàn:짜오피엔]　　사진
▶ 비출 **조** + 조각 **편**

点 [diǎn:디엔]　　주문하다
▶ 점 **점**(點)

菜 [cài:차이]　　　음식
▶ 나물 **채**

说 [shuō:슈어]　　말하다
▶ 말할 **설**(說)

汉语 [Hànyǔ:한위]　　중국어
▶ 한나라 **한**(漢) + 말씀 **어**(語)

写 [xiě:시에]　　　쓰다
▶ 베낄, 쓸 **사**(寫)

汉字 [Hànzì:한쯔]　　한자
▶ 한나라 **한**(漢) + 글자 **자**

买 [mǎi:마이]　　　사다
▶ 살 **매**(買)

衣服 [yīfu:이푸]　　　옷
▶ 옷 **의** + 옷 **복**

喝[hē:흐어]　　　마시다
▶ 목이 멜 **애**

茶 [chá:차]　　　차
▶ 차 **차**, 차 **다**

12 我会做中国菜。 22-12. mp3

会 [huì:후이]　　　　　~할 줄 알다
▶ 모일 **회**(會)

做 [zuò:쭈어]　　　　　만들다
▶ 만들 **주**

菜 [cài:차이]　　　　　음식, 요리
▶ 나물 **채**

写 [xiě:시에]　　　　　쓰다
▶ 베낄, 쓸 **사**(寫)

汉字 [Hànzì:한쯔]　　　　한자
▶ 한나라 **한**(漢) +글자 **자**

衣服 [yīfu:이푸]　　　　　옷
▶ 옷 **의** + 옷 **복**

骑 [qí 치]　　　　　타다
▶ 말탈 **기**(騎)

自行车 [zìxíngchē:쯔싱처]　　　자전거
▶ 스스로 **자** + 갈 **행** + 차 차, 수레 거(車)

游泳 [yóuyǒng:여우용] 수영하다
▶ 헤엄칠 **유**(遊)+ 헤엄칠 **영**

唱歌 [chànggē:창꺼]　　　노래하다
▶ 노래할 **창**+ 노래 **가**

画画儿 [huà huàr:화 활]　　그림을 그리다
▶ 그림 **화**(畵) + 아이 **아**(兒)

跳舞 [tiàowǔ:티아오우]　　춤을 추다
▶ 뛸 **도** + 춤출 **무**

开车 [kāichē:카이처]　　　운전을 하다
▶ 열 **개**(開) + 수레 **거**, 차 **차**(車)

13 你要买什么? 22-13. mp3

要 [yào:야오]　　　　~하려고 하다
▶ 바랄 **요**

买 [mǎi:마이]　　　　　사다
▶ 살 **매**(買)

什么[shéme:선머]　　　무엇, 무슨
▶ 열 사람 **십**(什) + 어조사 **마**(麼)

吃 [chī:츠]　　　　먹다
▶ 먹을 **홀**

喝 [hē:흐어]　　　　마시다
▶ 목이 멜 **애**

卖 [mài:마이]　　　　팔다
▶ 팔 **매**(賣)

看 [kàn:칸]　　　　보다
▶ 볼 **간**

听 [tīng:팅]　　　　듣다
▶ 들을 **청**(聽)

做 [zuò:쭈어]　　　　만들다
▶ 만들 **주**

点 [diǎn:디엔]　　　주문하다
▶ 점 **점**(點)

说 [shuō:슈어]　　　말하다
▶ 말할 **설**(說)

干 [gàn:깐]　　　하다(=做와 같은 의미)
▶ 방패, 일할 **간**(幹)

教 [jiāo:지아오]　　　가르치다
▶ 가르칠 **교**

读 [dú:두]　　　　읽다
▶ 읽을 **독**(讀)

14 我今年30。 22-14. mp3

今年 [jīnnián:진니엔]　　　올해
▶ 지금 **금** + 해 **년**

三 [sān:싼]　　　　3, 셋
▶ 셋 **삼**

十 [shí:스]　　　　10, 열
▶ 열 **십**

三十 [sānshí:싼스]　　　30, 삼십
▶ 셋 **삼** + 열 **십**

岁 [suì:쑤이]　　　세, 살
▶ 해 **세**(歲)

属 [shǔ:슈]　　　~띠이다
▶ 무리 **속**(屬)

鸡 [jī:지]   닭
▶ 닭 **계**(鷄)

猴 [hóu:허우]   원숭이
▶ 원숭이 **후**

鼠 [shǔ:슈]   쥐
▶ 쥐 **서**

牛 [niú:니우]   소
▶ 소 **우**

虎 [hǔ:후]   호랑이
▶ 호랑이 **호**

兔 [tù:투]   토끼
▶ 토끼 **토**(兔)

龙 [lóng:롱]   용
▶ 용 **롱**(龍)

蛇 [shé:셔]   뱀
▶ 뱀 **사**

马 [mǎ:마]   말
▶ 말 **마**(馬)

羊 [yáng:양]   양
▶ 양 **양**

狗 [gǒu:거우]   개
▶ 개 **구**

猪 [zhū:쭈]   돼지
▶ 돼지 **저**

15   今天星期几?   🎧 22-15. mp3

今天 [jīntiān:진티엔]   오늘
▶ 지금 **금** + 하늘 **천**

星期 [xīngqī:싱치]   주, 요일
▶ 별 **성** + 기약할 **기**

几 [jǐ:지]   몇
▶ 몇 **기**(幾)

星期一 [xīngqīyī:싱치이]   월요일
▶ 별 **성** + 기약할 **기** + 하나 **일**

明天 [míngtiān:밍티엔]   내일
▶ 밝을 **명** + 하늘 **천**

星期二 [xīngqī'èr:싱치얼]   화요일
▶ 별 **성** + 기약할 **기** + 두 **이**

星期三 [xīngqīsān:싱치싼]   수요일
▶ 별 **성** + 기약할 **기** + 석 **삼**

星期四 [xīngqīsì:싱치쓰]   목요일
▶ 별 **성** + 기약할 **기** + 넉 **사**

星期五 [xīngqīwǔ:싱치우]   금요일
▶ 별 **성** + 기약할 **기** + 다섯 **오**

星期六 [xīngqīliù:싱치리우]   토요일
▶ 별 **성** + 기약할 **기** + 여섯 **륙**

星期天 [xīngqītiān:싱치티엔]   일요일
▶ 별 **성** + 기약할 **기** + 하늘 **천**

16   明天不是六号。   🎧 22-16. mp3

月 [yuè:위에]   월
▶ 달 **월**

号 [hào:하오]   일
▶ 부를 **호**(號)

四 [sì:쓰]   4, 넷
▶ 넉 **사**

六 [liù:하오]   6, 여섯
▶ 여섯 **륙**

昨天 [zuótiān:주어티엔]   어제
▶ 어제 **작** + 하늘 **천**

前天 [qiántiān:치엔티엔]   그저께
▶ 앞 **전** + 하늘 **천**

明天 [míngtiān:밍티엔]   내일
▶ 밝을 **명** + 하늘 **천**

后天 [hòutiān:허우티엔]   모레
▶ 뒤 **후**(後) + 하늘 **천**

17   我们两点见吧!   🎧 22-17. mp3

我们 [wǒmen:워먼]   우리
▶ 나 **아** + 들 **문**(們)

两 [liǎng:량]　　　　둘
▶ 두 **량**(兩)

点 [diǎn:디엔]　　　　시
▶ 점 **점**(點)

见 [jiàn:지엔]　　　　만나다
▶ 볼 **견**(見)

吧 [ba:바]　　　　~합시다
▶ 어조사 **파**

上课 [shàngkè:샹커]　　　　수업하다
▶ 위 **상** + 수업 **과**(課)

下班 [xiàbān:시아빤]　　　　퇴근하다
▶ 아래 **하** + 나눌 **반**

起床 [qǐchuáng:치추앙]　　　　일어나다
▶ 일어날 **기** + 침대 **상**

吃 [chī:츠]　　　　먹다
▶ 먹을 **흘**

早饭 [zǎofàn:자오판]　　　　아침밥
▶ 이를 **조** + 밥 **반**(飯)

看 [kàn:칸]　　　　보다
▶ 볼 **간**

电视 [diànshì:띠엔스]　　　　텔레비전, TV
▶ 전기 **전** + 볼 **시**(視)

运动 [yùndòng:윈똥]　　　　운동하다
▶ 옮길 **운**(運) + 움직일 **동**(動)

午饭 [wǔfàn:우판]　　　　점심밥
▶ 낮 **오** + 밥 **반**(飯)

晚饭 [wǎnfàn:완판]　　　　저녁밥
▶ 늦을 **만** + 밥 **반**(飯)

洗澡 [xǐzǎo:시자오]　　　　샤워하다
▶ 씻을 **세** + 씻을 **조**

睡觉 [shuìjiào:슈이지아오]　　　　잠자다
▶ 잘 **수** + 깨달을 **각**(覺)

18　今天下雨。　🎧 22-18. mp3

天气 [tiānqì:티엔치]　　　　날씨
▶ 하늘 **천** + 바람 **기**(氣)

怎么样 [zěnmeyàng:전머양]　　　　어떻다, 어떠하다
▶ 어찌 **즘** + 어조사 **마**(麼) + 모양 **양**

下雨 [xiàyǔ:시아위]　　　　비가 오다
▶ 아래 **하** + 비 **우**

冷 [lěng:렁]　　　　춥다
▶ 찰 **랭**

热 [rè:르어]　　　　덥다
▶ 뜨거울 **열**(熱)

凉快 [liángkuai:량콰이]　　　　시원하다, 서늘하다
▶ 서늘할 **량** + 쾌할 **쾌**

下雪 [xiàxuě:시아쉬에]　　　　눈이 오다
▶ 아래 **하** + 눈 **설**

暖和 [nuǎnhuo:누안훠]　　　　따뜻하다
▶ 따뜻할 **난** + 화목할 **화**

晴天 [qíngtiān:칭티엔]　　　　맑다
▶ 갤 **청** + 하늘 **천**

阴天 [yīntiān:인티엔]　　　　흐리다
▶ 그늘 **음** + 하늘 **천**

打雷 [dǎléi:다레이]　　　　번개 치다
▶ 칠 **타** + 우레 **뢰**

干燥 [gānzào:깐짜오]　　　　건조하다
▶ 마를 **건**(乾) + 마를 **조**

潮湿 [cháoshī:차오스]　　　　습하다
▶ 조수 **조** + 축축할 **습**(濕)

刮风 [guāfēng:꾸아펑]　　　　바람 불다
▶ 바람 불 **괄** + 바람 **풍**(風)

19　一共100块。　🎧 22-19. mp3

一共 [yígòng:이꽁]　　　　모두, 전부
▶ 하나 **일** + 함께 **공**

多少 [duōshao:뚜어샤오]　　　　얼마
▶ 많을 **다** + 적을 **소**

钱 [qián:치엔]　　　　돈
▶ 돈 **전**(錢)

百 [bǎi:바이]　　　　백
▶ 일백 **백**

块 [kuài:콰이]　　　　　　　　　　위엔(화폐 단위)
▶ 덩어리 **괴**(塊)

元 [yuán:위엔]　　　　　　　　　　위엔(화폐 단위)
▶ 으뜸 **원**

20　服务员, 来一个鱼香肉丝。

🎧 22-20. mp3

服务员 [fúwùyuán:푸우위엔]　　　　　　종업원
▶ 옷 **복** + 일할 **무**(務) + 사람 **원**(員)

来 [lái:라이]　　　　　　　　～을 가져다 주다
▶ 올 **래**(來)

个 [ge:거]　　　　　　　　　　개, 명, 사람
▶ 낱 **개**(個)

鱼香肉丝 [yúxiāngròusī:위샹러우쓰]

　　어향육사, 어향(생선 맛) 소스를 넣은 고기채 볶음
▶ 물고기 **어**(魚) + 향기 **향** + 고기 **육** + 실 **사**(絲)

碗 [wǎn:완]　　　　　　　　　　공기, 그릇
▶ 사발 **완**

米饭 [mǐfàn:미판]　　　　　　　　　쌀밥
▶ 쌀 **미** + 밥 **반**(飯)

瓶 [píng:핑]　　　　　　　　　　　병
▶ 병 **병**

啤酒 [píjiǔ:피지우]　　　　　　　　맥주
▶ 맥주 **비** + 술 **주**

听 [tīng:팅]　　　　　　　　　　　캔
▶ 들을 **청**(聽)

可乐 [kělè:크어러]　　　　　　　　콜라
▶ 옳을 **가** + 즐거울 **락**(樂)

鸡蛋炒饭 [jīdànchǎofàn:지딴차오판]　계란볶음밥
▶ 닭 **계**(鷄) + 알, 새알 **단** + 볶을 **초** + 밥 **반**(飯)

杯 [bēi]　　　　　　　　　　　　잔
▶ 잔 **배**

茶 [chá:차]　　　　　　　　　　　차
▶ 차 **차**, 차 **다**

宫保鸡丁 [gōngbǎojīdīng:꽁바오지띵]

　　궁보계정, 튀긴 닭고기와 견과류 볶음
▶ 집 **궁** + 지킬 **보** + 닭 **계**(鷄) + 고무래, 장정 **정**

酸辣汤 [suānlàtāng:쑤안라탕]

　　　　산라탕, 시큼하고 매운 맛의 국
▶ 초 **산** + 매울 **랄** + 국 **탕**(湯)

面条 [miàntiáo:미엔티아오]　　　　국수
▶ 밀가루 **면**(麵) + 가지 **조**(條)

白酒 [báijiǔ:바이지우]　　　바이주(배갈, 고량주)
▶ 흰 **백** + 술 **주**

鱼香茄子 [yúxiāngqiézi:위샹치에즈]

　　　　어향(생선 맛) 가지 볶음
▶ 물고기 **어**(魚) + 향기 **향** + 가지 **가** + 아들 **자**

糖醋牛肉 [tángcùniúròu:탕추니우러우]

　　　　　소고기 탕수육
▶ 엿, 사탕 **당**(탕) + 초, 식초 **초** + 소 **우** + 고기 **육**

羊肉串儿 [yángròuchuànr:양러우추알]　양꼬치
▶ 양 **양** + 고기 **육** + 꼬챙이 **찬** + 아이 **아**(兒)

내일을 여는 중국어 입문
정답과
해설

1 다음 단어에 맞는 발음을 고르고 읽어보세요.

(1) 晚上

- ☑ wǎnshang
- ☐ wǎnzhang
- ☐ wǎnchang

(2) 你们

- ☐ nǐměn
- ☑ nǐmen
- ☐ nǐmēn

(3) 爸爸

- ☑ bàba
- ☐ bāba
- ☐ bába

2 병음(발음기호)과 중국어를 바르게 연결하세요.

(1) nǐ ——— 好

(2) hǎo ——— 你

(3) dàjiā ——— 大家

(4) zǎoshang ——— 早上

3 아래 문장에 공통으로 들어갈 단어와 병음을 [보기]에서 골라 쓰세요.

[보기]	好[hǎo]	妈妈[māma]	你[nǐ]

老师 好 !　선생님, 안녕하세요!

Lǎoshī __hǎo__ !

你们 好 !　여러분, 안녕하세요!

Nǐmen __hǎo__ !

早上 好 !　안녕하세요! (아침 인사)

Zǎoshang __hǎo__ !

해설 ▶
'안녕하다'는 뜻인 好[hǎo] 앞에 인사할 대상이나 시간을 넣어 인사할 수 있어요!

4 다음 빈칸에 들어갈 알맞은 중국어를 쓰세요.

lǎo
(1) **老** 师好!

jie
(2) 姐 **姐** 好!

ge
(3) 哥 **哥** 好!

확인하기　　02 **你好吗?**　　▶ 38쪽

1 다음 단어에 맞는 발음을 고르고 읽어보세요.

(1) 她　　　　　　　(2) 儿子　　　　　　　(3) 奶奶

☐ tǎ　　　　　　　☐ ěrzi　　　　　　　☑ nǎinai

☑ tā　　　　　　　☐ ērzi　　　　　　　☐ nāinai

☐ tà　　　　　　　☑ érzi　　　　　　　☐ náinai

2 병음과 중국어를 바르게 연결하세요.

(1) ma　　　　　　　　　　　　　　　我

(2) tā　　　　　　　　　　　　　　　也

(3) yě　　　　　　　　　　　　　　　他

(4) wǒ　　　　　　　　　　　　　　　吗

[보기]　　　也[yě]　　　吗[ma]　　　老师[lǎoshī]

你好 吗 ?　잘 지내세요?

Nǐ hǎo __ma__ ?

儿子好 吗 ?　아들은 잘 지내요?

Érzi hǎo __ma__ ?

老师好 吗 ?　선생님은 잘 지내세요?

Lǎoshī hǎo __ma__ ?

해설 ▶
문장 끝에 물음표가 있으니까
의문문이겠지요? 吗[ma]만
붙이면 중국어에서는 의문문
을 만들 수 있어요.

4 다음 단어가 들어갈 위치를 골라보세요.

也

① 她 ☑ 好 ③ 吗 ④ ?

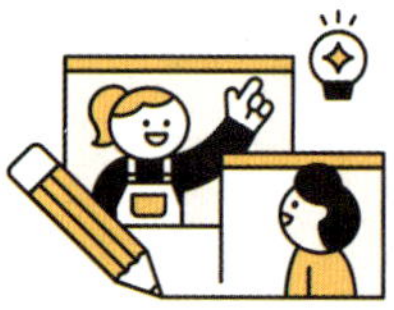

1 다음 단어에 맞는 발음을 고르고 읽어보세요.

(1) 我
☐ yǔ
☑ wǒ
☐ wò

(2) 疼
☐ tēng
☑ téng
☐ tèng

(3) 累
☐ rèi
☐ nèi
☑ lèi

(1) hěn   很

(2) máng   饿

(3) è   忙

(4) gāoxìng   高兴

3 아래 문장에 공통으로 들어갈 단어와 병음을 [보기]에서 골라 쓰세요.

[보기]	很[hěn]	吗[ma]	他[tā]

我 **很** 好。 나는 잘 지내요.

Wǒ **hěn** hǎo.

我 **很** 舒服。 나는 편안해요.

Wǒ **hěn** shūfu.

我 **很** 忙。 나는 바빠요.

Wǒ **hěn** máng.

해설 ▶
상태나 감정을 말할 때는
습관적으로 很을 붙여요!

4 다음 빈칸에 들어갈 부수를 [보기]에서 골라 쓰세요.

[보기]	饣	彳	氵

(1) **彳**艮
hěn

(2) **氵**曷
kě

(3) **饣**我
è

1 다음 단어에 맞는 발음을 고르고 읽어보세요.

(1) 忙
- ☐ náng
- ☑ máng
- ☐ láng

(2) 高
- ☑ gāo
- ☐ gē
- ☐ gēi

(3) 瘦
- ☐ chòu
- ☐ zhòu
- ☑ shòu

2 병음과 중국어를 바르게 연결하세요.

(1) bù ——— 不
(2) ǎi ——— 矮
(3) shuài ——— 帅
(4) pàng ——— 胖

3 아래 문장 중 성조 표시가 잘못되어 있는 부분을 바르게 고쳐보세요.

(1) Tā bù shuài. → __Tā bú shuài__ .

그는 잘생기지 않았어요.

(2) Tā bù shòu. → __Tā bú shòu__ .

그녀는 마르지 않았어요.

(3) Tā bù piàoliang. → __Tā bú piàoliang__ .

그녀는 예쁘지 않아요.

해설 ▶
不[bù]는 뒤에 4성이 오면 2성으로 성조가 바뀌므로, bú로 2성 표시를 합니다.

4 다음 제시된 단어의 반대말을 쓰세요.

(1) 矮 ↔ 高
　ǎi　　gāo

(2) 胖 ↔ 瘦
　pàng　shòu

(3) 外向 ↔ 内向
　wàixiàng　nèixiàng

1 다음 단어에 맞는 발음을 고르고 읽어보세요.

(1) 容易

- ☐ lóngyi
- ☐ nóngyi
- ☑ róngyi

(2) 便宜

- ☐ piānyi
- ☑ piányi
- ☐ piànyi

(3) 短

- ☑ duǎn
- ☐ nuǎn
- ☐ luǎn

2 병음과 간체자를 바르게 연결하세요.

(1) zhè — 这
(2) ge — 个
(3) xiǎo — 小
(4) shǎo — 少

3 아래 문장에 공통으로 들어갈 단어와 병음을 [보기]에서 골라 쓰세요.

[보기]	很[hěn]	吗[ma]	不[bu]

这个贵 **不** 贵?　이거 비싸요?
Zhè ge guì __bu__ guì?

这个便宜 **不** 便宜?　이거 싸요?
Zhè ge piányi __bu__ piányi?

那个快 **不** 快?　저거 빨라요?
Nà ge kuài __bu__ kuài?

해설 ▶
중국어에서는 술어를 '술어+不술어' 형태로 물어봐도 의문문이 되지요.

4 다음 제시된 단어의 반대말을 쓰세요.

(1) 大 ↔ **小**　(2) 多 ↔ **少**　(3) **贵** ↔ 便宜　(4) **快** ↔ 慢
　　dà　xiǎo　　　duō　shǎo　　　guì　piányi　　　kuài　màn

1 우리말 뜻과 중국어에 맞게 빈칸에 알맞은 병음을 쓰세요.

(1) 한국   (2) 중국   (3) 일본

韩国 ___Hánguó___   中国 _Zhōngguó_   日本 ___Rìběn___

2 다음 퍼즐에서 빈칸에 공통으로 들어갈 중국어를 쓰세요.

가로 ① 프랑스 사람

세로 ① 독일 사람

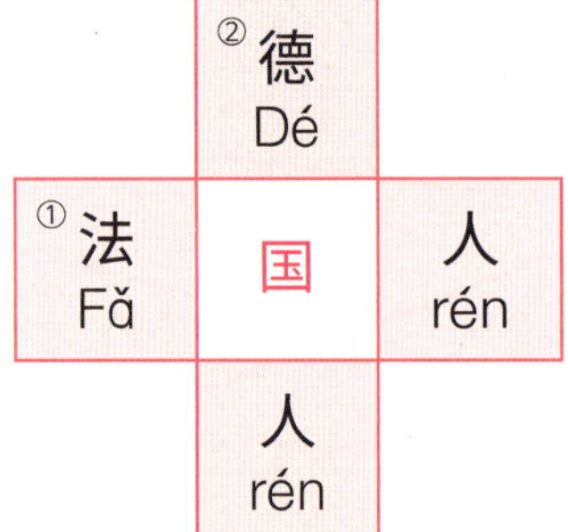

해설 ▶
國(나라 국)자의
간체자가 뭘까요?

3 아래 대화에 공통으로 들어갈 단어와 병음을 [보기]에서 골라 쓰세요.

[보기]	很[hěn]	是[shì]	也[yě]

A: 你们 是 英国人吗?   당신들은 영국 사람이에요?

Nǐmen ___shì___ Yīngguórén ma?

B: 我 是 英国人。   나는 영국 사람이에요.

Wǒ ___shì___ Yīngguórén.

C: 我不 是 英国人。   나는 영국 사람이 아니에요.

Wǒ bú ___shì___ Yīngguórén.

1 우리말 뜻과 중국어에 맞게 빈칸에 알맞은 병음을 쓰세요.

(1) ~라고 불리다
叫 ___jiào___

(2) 성이 ~이다
姓 ___xìng___

(3) ~이다
是 ___shì___

2 아래 문장에 공통으로 들어갈 단어와 병음을 [보기]에서 골라 쓰세요.

[보기]	姓[xìng]	是[shì]	不[bù]

我 姓 李。 나는 이씨입니다.
Wǒ ___xìng___ Lǐ.

我 姓 金。 나는 김씨입니다.
Wǒ ___xìng___ Jīn.

我 姓 张。 나는 장씨입니다.
Wǒ ___xìng___ Zhāng.

3 다음 문장을 알맞은 우리말 뜻과 연결하고 세 번씩 읽어보세요.

(1) Wǒ jiào Sūn Wùkōng. ———————— 나는 손오공이라고 합니다.

(2) Wǒ shì Sūn Wùkōng. 나는 손씨입니다.

(3) Wǒ xìng Sūn. 나는 손오공입니다.

1 우리말 뜻과 중국어에 맞게 빈칸에 알맞은 병음을 쓰세요.

(1) 휴대폰

手机 ___shǒujī___

(2) 남동생

弟弟 ___dìdi___

(3) 여동생

妹妹 ___mèimei___

2 다음 퍼즐에서 빈칸에 공통으로 들어갈 중국어를 쓰세요.

가로 ① 컴퓨터
　　② 지갑

세로 ① TV
　　③ 책가방

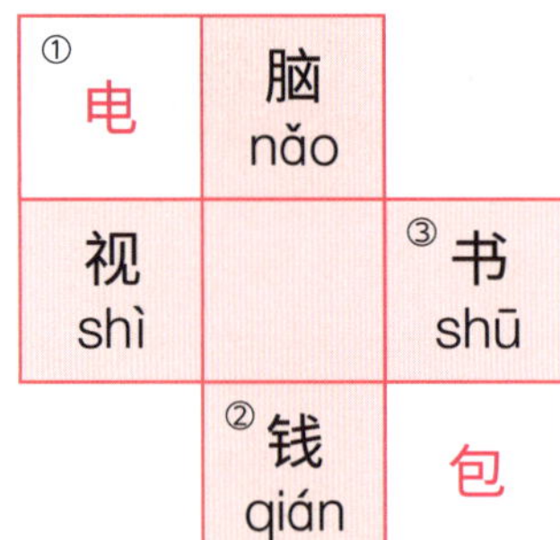

① 电	脑 nǎo	
视 shì		③ 书 shū
	② 钱 qián	包

해설 ▶
電(전기 전)의 간체자와 '가방'이라는 뜻의 중국어는 뭘까요?

3 다음 긍정문을 부정문으로 바꿔 문장 전체를 쓰세요.

(1) 我有电脑。　→　___我没有电脑___。

(2) 我有手机。　→　___我没有手机___。

(3) 我有哥哥。　→　___我没有哥哥___。

4 다음 빈칸에 들어갈 부수를 [보기]에서 골라 쓰세요.

[보기]	月	目	木

(1) 手木几
shǒujī

(2) 电月凶
diànnǎo

(3) 目艮镜
yǎnjìng

1 우리말 뜻과 중국어에 맞게 빈칸에 알맞은 병음을 쓰세요.

(1) 공원 公园 _gōngyuán_

(2) 병원 医院 _yīyuàn_

(3) 집 家 _jiā_

2 다음 퍼즐에서 빈칸에 공통으로 들어갈 중국어를 써 넣으세요.

가로 ① 서점

세로 ② 상점

	② 商 shāng
① 书 shū	店

해설 ▶
'점포 점'자에 해당하는 중국어를 떠올려 보세요.

3 다음 문장을 알맞은 우리말 뜻과 연결하고 세 번씩 읽어보세요.

(1) Wǒ zài jiā. — 나는 집에 있어요.

(2) Wǒ zài gōngyuán. — 나는 병원에 있어요.

(3) Wǒ zài yīyuàn. — 나는 공원에 있어요.

4 다음 빈칸에 들어갈 알맞은 중국어를 쓰세요.

(1) 你在 医 院吗? (yī)

(2) 我在银 行 。 (háng)

(3) 我在 电 影院。 (diàn)

1 우리말 뜻과 중국어에 맞게 빈칸에 알맞은 병음을 쓰세요.

(1) 영어　　　　　　　　(2) 한자　　　　　　　　(3) 공부하다

英语 ___Yīngyǔ___　　汉字 ___Hànzì___　　学 ___xué___

2 다음 퍼즐에서 빈칸에 공통으로 들어갈 중국어를 쓰세요.

가로　① 중국어

세로　② 한국어

3 다음 문장을 알맞은 우리말 뜻과 연결하고 세 번씩 읽어보세요.

(1) Wǒ xué Hànyǔ.　　　　　　　나는 한국어를 공부하지 않아요.

(2) Wǒ xué Rìyǔ.　　　　　　　　나는 중국어를 공부해요.

(3) Wǒ bù xué Hányǔ.　　　　　　나는 일본어를 공부해요.

4 다음 빈칸에 들어갈 알맞은 중국어를 쓰세요.

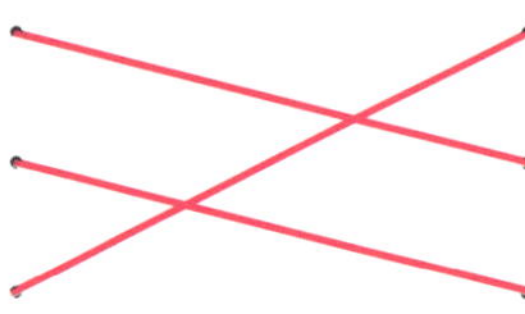

(1) 我学 日 语。　(Rì)

(2) 我学汉 字。　(zì)

(3) 我学 书 法。　(shū)

1 다음 표의 빈칸에 간체자나 병음, 우리말 뜻을 쓰세요.

단어	병음	뜻
老师	lǎoshī	선생님
早上	zǎoshang	아침
饿	è	배고프다
高兴	gāoxìng	기쁘다
胖	pàng	뚱뚱하다
姐姐	jiějie	언니, 누나
公园	gōngyuán	공원
汉语	Hànyǔ	중국어

2 아래 문장에 들어갈 단어를 [보기]에서 고르고 병음을 써 보세요.

[보기]　　有　　在　　是

(1) 我 是 韩国人。　나는 한국 사람이에요.
　　Wǒ ___shì___ Hánguórén.

(2) 我 有 哥哥。　나는 오빠가 있어요.
　　Wǒ ___yǒu___ gēge.

(3) 你 在 医院吗?　당신은 병원에 있어요?
　　Nǐ ___zài___ yīyuàn ma?

3 우리말 뜻에 맞게 알맞은 단어를 괄호 안에서 고르세요.

(1) 他(是 /姓)金。　그는 김씨입니다.

(2) 我(有 /没有)眼镜。　나는 안경이 없어요.

해설 ▶
'~을 가지고 있다'라는
有[yǒu]의 부정은
不有가 아닙니다!

4 [보기]처럼 吗를 붙인 의문문을 '긍정+부정' 형태의 의문문으로 바꿔보세요.

[보기]   这个贵吗? = 这个贵不贵? 이거 비싸요?

(1) 这个大吗?   =   这个大不大   ?   이거 커요?

(2) 这个小吗?   =   这个小不小   ?   이거 작아요?

(3) 这个快吗?   =   这个快不快   ?   이거 빨라요?

5 다음 문장을 부정문으로 바꿔보세요.

(1) 我很忙。   →   我不忙 。

나는 바빠요.   나는 바쁘지 않아요.

(2) 我是中国人。   →   我不是中国人 。

나는 중국 사람이에요.   나는 중국 사람이 아니에요.

(3) 他很帅。   →   他不帅 。

그는 잘생겼어요.   그는 잘생기지 않았어요.

(4) 我有手机。   →   我没有手机 。

나는 휴대폰이 있어요.   나는 휴대폰이 없어요.

6 제시된 단어를 순서에 맞게 문장으로 완성해보세요.

(1) 叫 / 我 / 孙悟空   →   我叫孙悟空 。

나는 손오공이라고 합니다.

(2) 汉语 / 不 / 我 / 学   →   我不学汉语 。

나는 중국어를 배우지 않습니다.

1 다음 단어의 병음을 잘못 표시한 것을 고르고, 바르게 고치세요.

(✓) 电影[diànyìng] 영화   (2) 音乐[yīnyuè] 음악   (3) 照片[zhàopiàn] 사진
　　diànyǐng

2 A는 동작을 나타내고, B는 목적어를 나타냅니다. 우리말 뜻에 맞게 알맞은 동작과 목적어를 짝지어서 쓰세요.

A: 동작	B: 목적어	
去 [qù]	饭 [fàn]	手机 [shǒujī]
吃 [chī]	中国 [Zhōngguó]	日本 [Rìběn]
买 [mǎi]	年糕 [niángāo]	衣服 [yīfu]

(1) 중국에 가다 ___去中国___   (2) 일본에 가다 ___去日本___

(3) 밥을 먹다 ___吃饭___   (4) 떡을 먹다 ___吃年糕___

(5) 휴대폰을 사다 ___买手机___   (6) 옷을 사다 ___买衣服___

3 아래 문장에 공통으로 들어갈 단어와 병음을 [보기]에서 골라 쓰세요.

[보기]	不[bù]	很[hěn]	想[xiǎng]	是[shì]

我 [想] 拍照片。　나는 사진을 찍고 싶어요.

Wǒ __xiǎng__ pāi zhàopiàn.

我 [想] 点菜。　나는 음식을 주문하고 싶어요.

Wǒ __xiǎng__ diǎn cài.

해설 ▶
'~하고 싶다'는 뜻의 조동사는 想[xiǎng]이었죠?

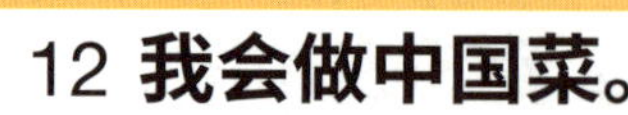

1 다음 단어의 병음을 잘못 표시한 것을 고르고, 바르게 고치세요.

(1) 做[zuò] 만들다　　　　(2) 菜[cài] 음식, 요리　　　　(3) 会[huí] ~할 수 있다
　　　　　　　　　　　　　　　　　　　　　　　　　　　huì

2 A는 동작을 나타내고, B는 목적어를 나타냅니다. 우리말 뜻에 맞게 알맞은 동작과 목적어를 짝지어서 쓰세요.

A: 동작	B: 목적어	
做[zuò]	汉语[Hànyǔ]	中国菜[Zhōngguócài]
说[shuō]	日语[Rìyǔ]	汉字[hànzì]
写[xiě]	衣服[yīfu]	

(1) 중국 음식을 만들다　做中国菜　　　　(2) 옷을 만들다　做衣服

(3) 중국어를 하다　说汉语　　　　(4) 일본어를 하다　说日语

(5) 한자를 쓰다　写汉字

3 아래 문장에 공통으로 들어갈 단어와 병음을 [보기]에서 골라 쓰세요.

[보기]	是[shì]	想[xiǎng]	会[huì]

我 会 做韩国菜。　나는 한국 요리를 만들 줄 알아요.

Wǒ ___huì___ zuò Hánguócài.

我不 会 做泰国菜。　나는 태국 요리를 만들 줄 몰라요.

Wǒ bú ___huì___ zuò Tàiguócài.

해설 ▶
'(배워서) ~할 수 있다'
는 뜻의 조동사는
会[huì]입니다.

4 다음 빈칸에 들어갈 부수를 [보기]에서 골라 쓰세요.

[보기]	一	马	艹

(1) 艹采
cài

(2) 一与
xiě

(3) 马奇
qí

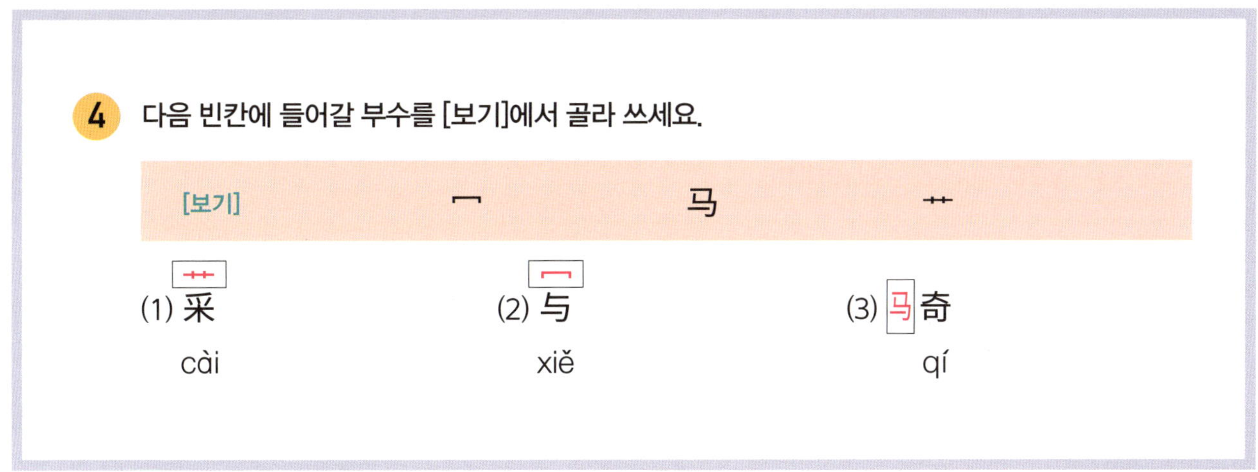

확인하기   **13 你要买什么?**   ▶ 128쪽

1 다음 단어의 병음을 잘못 표시한 것을 고르고, 바르게 고치세요.

(1) 喝[hē] 마시다   (2)✓ 什么[shēnme] 무엇, 무슨   (3) 做[zuò] 하다, 만들다
                 shénme

2 우리말 뜻과 병음에 맞게 빈칸에 알맞은 중국어를 쓰세요.

(1) 사다   (2) 먹다   (3) 공부하다

买 mǎi   吃 chī   学 xué

3 아래 문장에 공통으로 들어갈 두 단어와 병음을 [보기]에서 골라 쓰세요.

[보기]	在[zài]	要[yào]	什么[shénme]	是[shì]

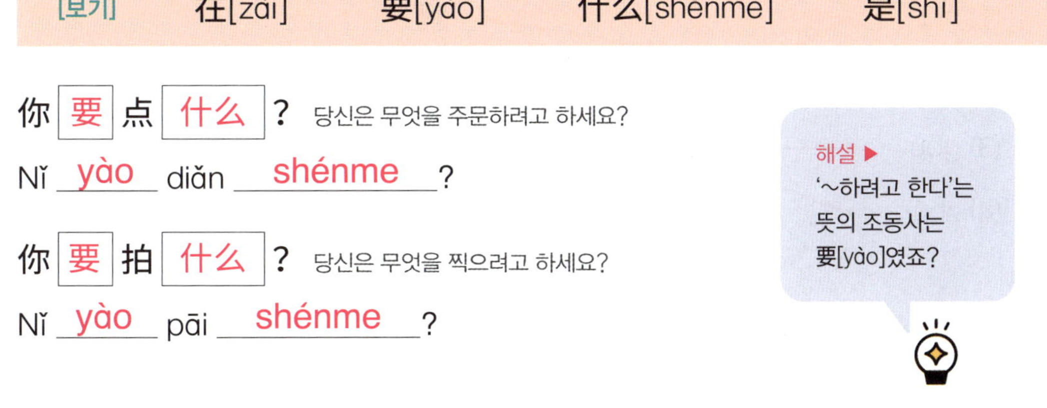

你 要 点 什么 ? 당신은 무엇을 주문하려고 하세요?
Nǐ yào diǎn shénme ?

你 要 拍 什么 ? 당신은 무엇을 찍으려고 하세요?
Nǐ yào pāi shénme ?

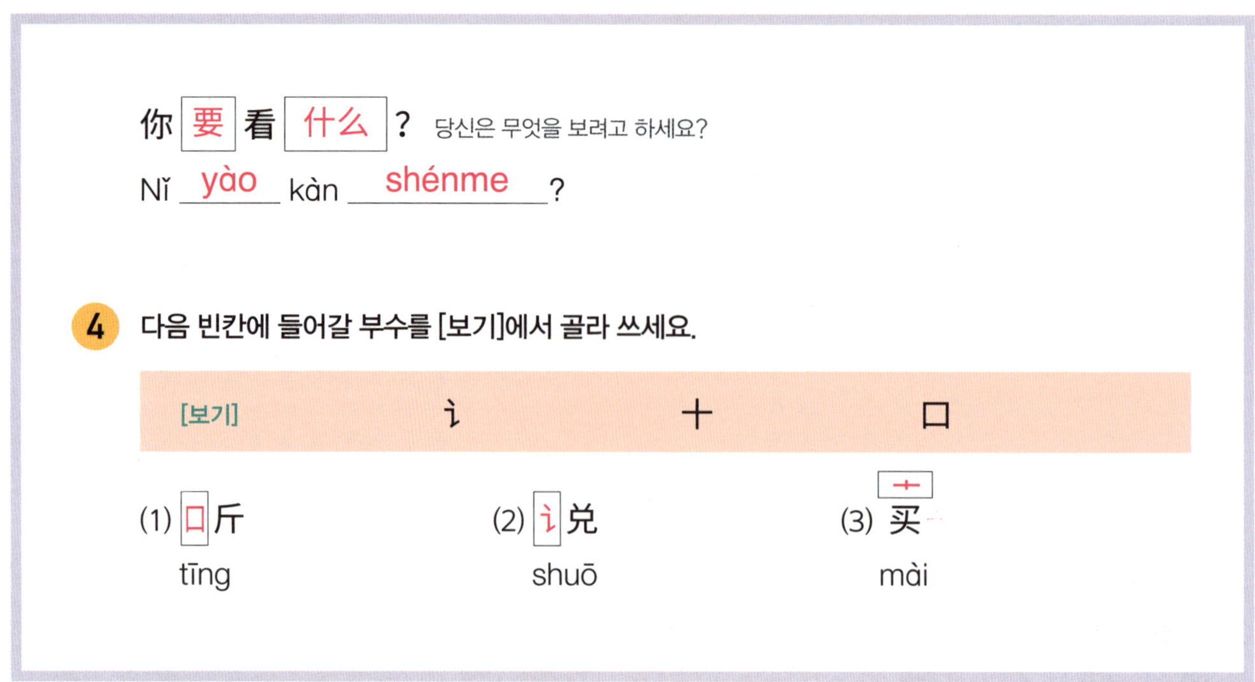

4 다음 빈칸에 들어갈 부수를 [보기]에서 골라 쓰세요.

[보기]	讠	十	口

(1) 口斤
tīng

(2) 讠兑
shuō

(3) 买
mài

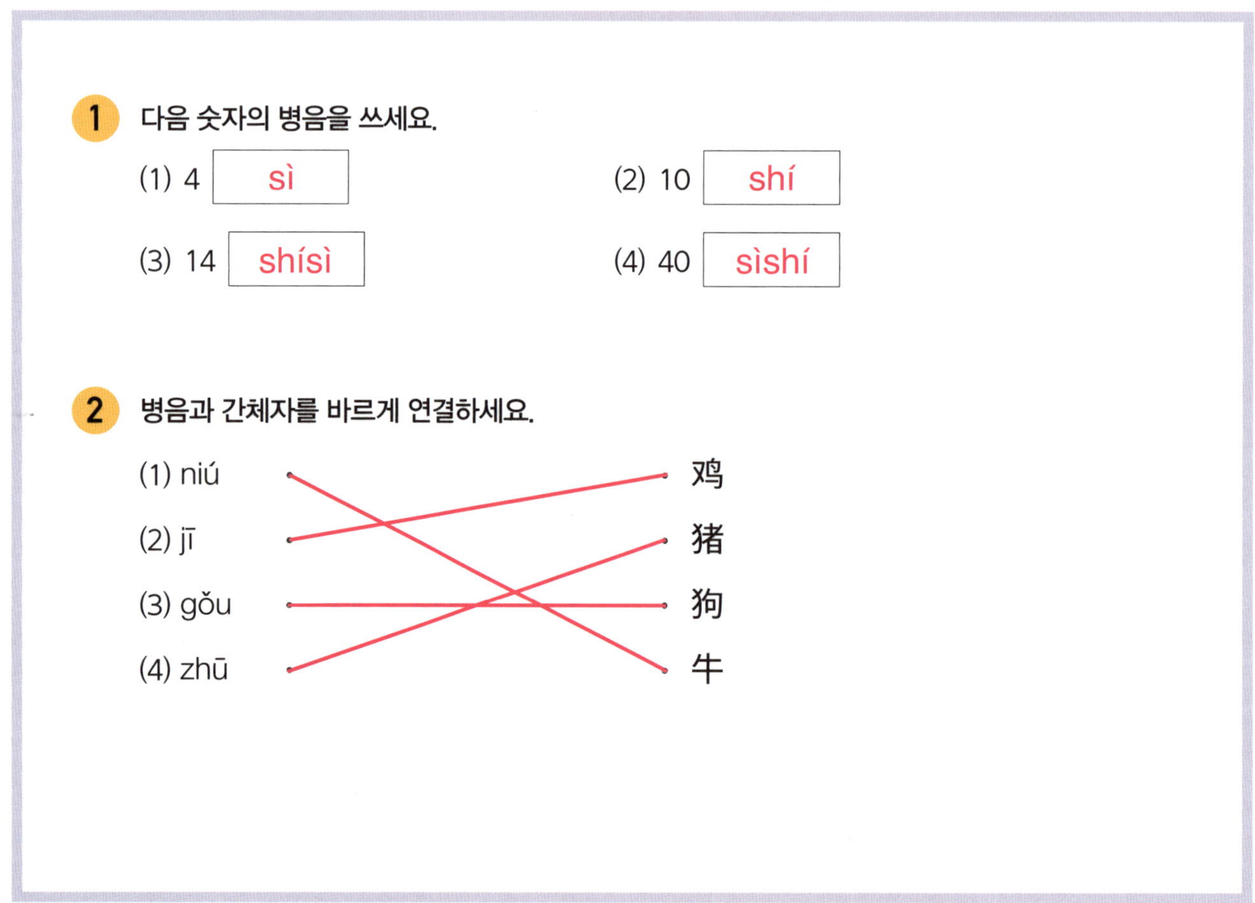

1 다음 숫자의 병음을 쓰세요.

(1) 4 　sì

(2) 10 　shí

(3) 14 　shísì

(4) 40 　sìshí

2 병음과 간체자를 바르게 연결하세요.

(1) niú　　　鸡

(2) jī　　　猪

(3) gǒu　　　狗

(4) zhū　　　牛

3 아래 문장을 읽어보고 질문에 답하세요.

我叫马东锡。我是韩国人。
我今年54岁。我属猪。

Wǒ jiào Mǎ Dōngxī. Wǒ shì Hánguórén.
Wǒ jīnnián wǔshísì suì. Wǒ shǔ zhū.

해석 ▶
저는 마동석입니다. 저는 한국인이에요.
저는 올해 54세입니다. 저는 돼지띠예요.

(1) 글쓴이는 어느 나라 사람일까요?

① 일본 사람　　　② 중국 사람　　　③ 한국 사람 ✓

(2) 글쓴이의 나이와 띠는 어떻게 될까요?

① 54세 닭띠　　　② 54세 돼지띠 ✓　　　③ 54세 개띠

4 다음 빈칸에 들어갈 알맞은 중국어를 쓰세요.

nián
(1) 我今 年 60。

suì
(2) 我不是66 岁 。

jī
(3) 我属 鸡 。

1 다음 요일의 병음을 쓰세요.

(1) 星期二　　xīngqī'èr

(2) 星期六　　xīngqīliù

(3) 星期天　　xīngqītiān

(4) 星期几　　xīngqī jǐ

2 다음 문장을 중국어로 완성하세요.

(1) 오늘은 무슨 요일이에요?　→　今　天　星　期　几　?

(2) 오늘은 월요일이에요.　→　今　天　星　期　一　。

3 다음 달력을 보고 질문에 답하세요.

星期天	星期一	星期二	星期三	星期四	星期五	星期六
12	13	14	⑮	16	17	18

今天

(1) 오늘은 무슨 요일인가요?

　① 화요일　　②✓ 수요일　　③ 목요일

(2) 18일은 무슨 요일인가요?

　① 금요일　　②✓ 토요일　　③ 일요일

(3) **明天星期几?**

　① 화요일　　② 수요일　　③✓ 목요일

확인하기　　16 **明天不是六号。**　　▶ 152쪽

1 다음 우리말 뜻에 맞는 병음과 간체자를 쓰세요.

그저께	어제	오늘	내일	모레
前天	昨天	今天	明天	后天
qiántiān	zuótiān	jīntiān	míngtiān	hòutiān

2 다음 문장을 알맞은 우리말 뜻과 연결하고 세 번씩 읽어보세요.

(1) Jīntiān jǐ yuè jǐ hào?　　　　　　　내일은 6일이 아니에요.

(2) Míngtiān búshì liù hào.　　　　　　오늘은 몇 월 며칠이에요?

(3) Jīntiān sì yuè sì hào.　　　　　　　오늘은 4월 4일이에요.

3 아래 문장을 읽고 질문에 답하세요.

今天六月二十一号。
今天不是星期二，是星期三。

Jīntiān liù yuè èrshíyī hào.
Jīntiān búshì xīngqī'èr, shì xīngqīsān.

해설 ▶
오늘은 6월 21일입니다.
오늘은 화요일이 아니고, 수요일이에요.

(1) 내일은 몇 월 며칠입니까?

    ① 六月二十号   ② 六月二十一号   ③ 六月二十二号 ✓

(2) 오늘은 무슨 요일입니까?

    ① 星期一   ② 星期二   ③ 星期三 ✓

4 다음 단어가 들어갈 위치 <u>두 곳</u>을 골라보세요.

几

| ① | 今天 | ② ✓ | 月 | ③ ✓ | 号 | ④ | ? |

---

1 시계가 가리키는 시각을 보고 알맞은 간체자나 병음을 쓰세요.

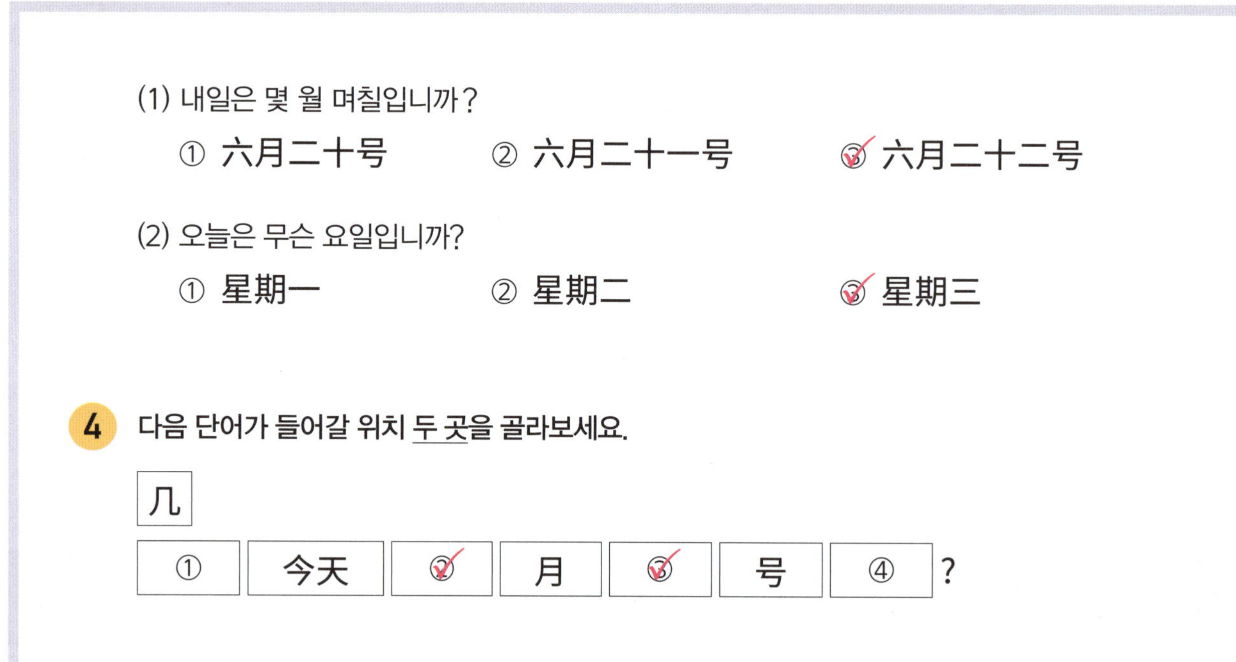

(1) 九点 jiǔ diǎn

(2) 三点 sān diǎn

(3) 十二点 shí'èr diǎn

2 제시된 목적어에 공통으로 쓸 수 있는 동사를 빈칸에 쓰세요.

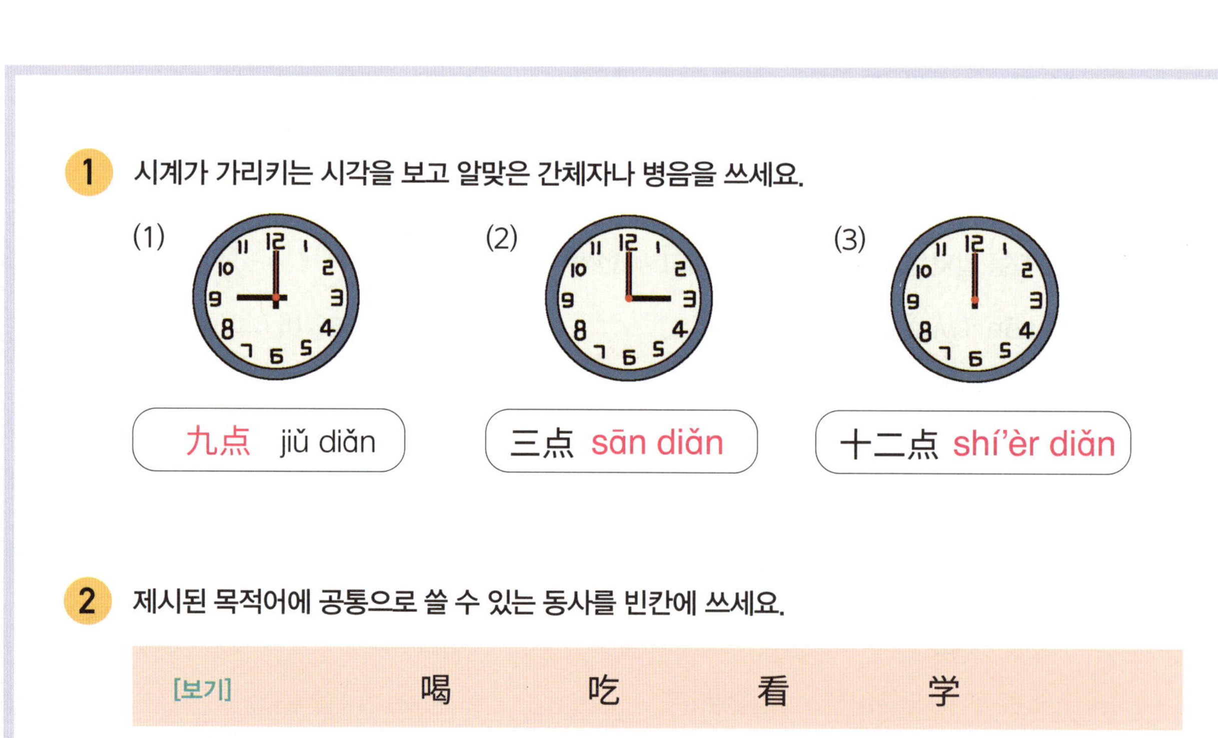

[보기]　　喝　　吃　　看　　学

(1) 吃　早饭[zǎofàn] 아침밥 / 午饭[wǔfàn] 점심밥 / 晚饭[wǎnfàn] 저녁밥

(2) 看　电视[diànshì] 텔레비전 / 电影[diànyǐng] 영화

(3) 学   汉语[Hànyǔ] 중국어 / 日语[Rìyǔ] 일본어 / 英语[Yīngyǔ] 영어

(4) 喝   咖啡[kāfēi] 커피 / 茶[chá] 차

3 다음 문장을 큰 소리로 읽어보세요.

> 我今天十点上课，十二点下课。
> 我儿子早上九点上班，晚上六点下班。
>
> Wǒ jīntiān shí diǎn shàngkè, shí'èr diǎn xiàkè.
> Wǒ érzi zǎoshang jiǔ diǎn shàngbān, wǎnshang liù diǎn xiàbān.

해설 ▶
나는 오늘 10시에 수업을 시작하고, 12시에 수업을 마칩니다.
내 아들은 아침 9시에 출근하고, 저녁 6시에 퇴근합니다.

확인하기   18 **今天下雨。**   ▶ 168쪽

1 우리말 뜻과 병음에 맞게 빈칸에 알맞은 중국어를 쓰세요.

(1) 날씨   (2) 춥다   (3) 덥다

天气 tiānqì   冷 lěng   热 rè

2 주어진 우리말에 맞는 단어와 병음을 [보기]에서 찾아 쓰세요.

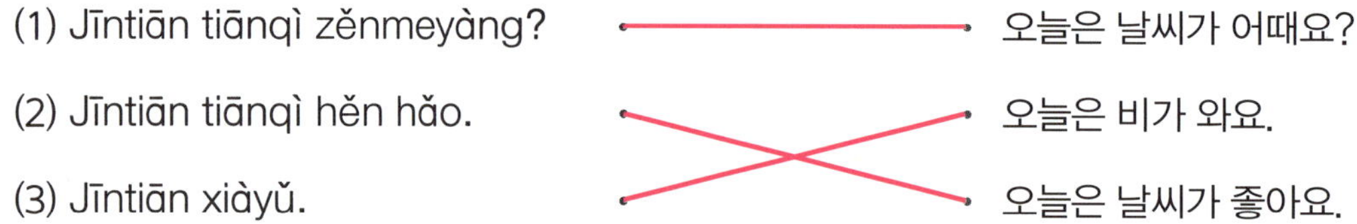

(1) 비가 오다 　　下雨　　xiàyǔ

(2) 눈이 오다 　　下雪　　xiàxuě

(3) 서늘하다 　　凉快　　liángkuai

(4) 따뜻하다 　　暖和　　nuǎnhuo

해설 ▶
'비가 오다, 눈이 오다'에는 공통적으로
下[xià]라는 동사가 붙는답니다!

3 다음 문장을 알맞은 우리말 뜻과 연결하고 세 번씩 읽어보세요.

(1) Jīntiān tiānqì zěnmeyàng?　　　　오늘은 날씨가 어때요?

(2) Jīntiān tiānqì hěn hǎo.　　　　　오늘은 비가 와요.

(3) Jīntiān xiàyǔ.　　　　　　　　오늘은 날씨가 좋아요.

4 다음 빈칸에 들어갈 알맞은 중국어를 쓰세요.

(1) 今天天 [气 qì] 很好。

(2) 今天 [下 xià] 雨。

(3) 今天很 [冷 lěng] 。

1 다음 화폐에 해당하는 병음을 고르세요.

(1) **49块**　① sì kuài jiǔ　✓ sìshíjiǔ kuài　③ sì máo jiǔ

(2) **409块**　① sì bǎi kuài jiǔ　② sìshíjiǔ kuài　✓ sì bǎi líng jiǔ kuài

(3) **490块**　① sì bǎi kuài jiǔ　✓ sì bǎi jiǔshí kuài　③ sì bǎi líng jiǔ kuài

2 아래 문장에 공통으로 들어갈 단어를 쓰세요.

| 一共 | 多少钱? | 모두 얼마예요? |

<u>Yígòng</u>　duōshao qián?

| 一共 | 100块。 | 모두 100위엔입니다. |

<u>Yígòng</u>　yì bǎi kuài.

| 一共 | 100元。 | 모두 100위엔입니다. |

<u>Yígòng</u>　yì bǎi yuán.

3 다음 문장을 큰 소리로 읽어보세요.

我八月五号星期天早上十点去商店。
我要买一件衣服。衣服306块钱。

Wǒ bā yuè wǔ hào xīngqītiān zǎoshang shí diǎn qù shāngdiàn.
Wǒ yào mǎi yí jiàn yīfu. Yīfu sān bǎi líng liù kuài qián.

해석 ▶
나는 8월 5일 일요일 아침 10시에 상점에 갑니다.
나는 옷 한 벌을 사려고 합니다. 옷은 306위엔입니다.

1 다음 중 不와 一의 성조가 나머지 3개와 다르게 발음되는 것을 고르세요.

(1) ① 不喝　　　✓② 不去　　　③ 不好　　　④ 不来

(2) ① 一杯　　　② 一碗　　　✓③ 一个　　　④ 一瓶

> **해설 ▶**
> 一는 뒤에 1, 2, 3성이
> 오면 4성이 되고, 뒤에
> 4성, 경성이 오면 2성이
> 됩니다!

2 제시된 명사에 알맞은 양사(단위)를 써 보세요.

(1) 个　人[rén] / 鱼香肉丝[yúxiāngròusī]

(2) 杯　茶[chá] / 咖啡[kāfēi]

(3) 碗　米饭[mǐfàn] / 酸辣汤[suānlàtāng]

(4) 瓶　白酒[báijiǔ] / 啤酒[píjiǔ]

3 다음 문장을 중국어로 완성하세요.

(1) 위샹러우쓰 하나 주세요.　→　来 一 个 鱼香肉丝。

(2) 맥주 한 병 주세요.　→　来 一 瓶 啤 酒。

(3) 차 한 잔 주세요.　→　来 一 杯 茶。

4 다음 단어가 들어갈 위치를 골라보세요.

个

① 服务员，　② 来 ③ 一 ✓④ 鸡蛋炒饭。

1 다음 표의 빈칸에 간체자나 병음, 우리말 뜻을 쓰세요.

단어	병음	뜻
手机	shǒujī	휴대폰
菜	cài	음식, 요리
什么	shénme	무엇, 무슨
鸡	jī	닭
星期	xīngqī	요일
号	hào	일
点	diǎn	시
天气	tiānqì	날씨
块	kuài	위엔(화폐 단위)

2 아래 문장에 들어갈 단어를 [보기]에서 고르고 병음을 쓰세요.

[보기]　　会　　想　　要

(2) 我 │想│ 去中国。　나는 중국에 가고 싶어요.
　　Wǒ ___xiǎng___ qù Zhōngguó.

(3) 我 │会│ 做日本菜。　나는 일본 음식을 만들 줄 알아요.
　　Wǒ ___huì___ zuò Rìběncài.

(4) 你 │要│ 买什么?　당신은 무엇을 사려고 하세요?
　　Nǐ ___yào___ mǎi shénme?

3 우리말 뜻에 맞게 알맞은 단어를 괄호 안에서 고르세요.

(1) 今天星期(几/一)?　오늘은 무슨 요일입니까?

(2) 明天(是/不是)六号。　내일은 6일이 아니에요.

4 [보기]처럼 문장 끝에 吧를 붙여 청유문을 만들어보세요.

> [보기] 我们两点见。 = 我们两点见吧。 우리 두 시에 만나자.

(1) 我们十点上课。 = <u>我们十点上课吧</u>。 우리 10시에 수업하자.

(2) 我们吃中国菜。 = <u>我们吃中国菜吧</u>。 우리 중국 음식 먹자.

(3) 我们喝咖啡。 = <u>我们喝咖啡吧</u>。 우리 커피 마시자.

5 [보기]에서 알맞은 의문사를 골라 문장을 완성해보세요.

> [보기] 怎么样 多少钱 几 什么

(1) 今天天气 <u>怎么样</u>? 오늘 날씨 어때요?

(2) 今天 <u>几</u> 月 <u>几</u> 号? 오늘은 몇 월 며칠이에요?

(3) 一共 <u>多少钱</u>? 모두 얼마예요?

6 제시된 단어를 순서에 맞게 문장으로 완성해보세요.

(1) 一个 / 服务员， / 来 / 鱼香肉丝

→ <u>服务员，来一个鱼香肉丝</u>。

종업원, 위샹러우쓰 하나 주세요.

(2) 做 / 不会 / 我 / 泰国菜

→ <u>我不会做泰国菜</u>。

나는 태국 음식을 할 줄 몰라요.

해설 ▶
중국어는 '주어+동사+목적어'의 어순이지요. 목적어에
양사(단위)가 올 때는 '숫자+양사+명사'의 어순이 됩니다.

▶ 129쪽

중국어 퍼즐 놀이

다음 퍼즐을 중국어로 완성하세요. ▶ 정답은 235쪽에 있습니다.

	②中				⑥书
①韩	国		④日		⑤钱	包
		③汉	语			
				⑦电		
	⑪酒			影		⑩高
⑨商	店		⑧医	院		兴

가로 열쇠

① 한국　　　③ 중국어　　　⑤ 지갑　　　⑧ 병원

⑨ 상점　　　⑩ (키가) 크다

세로 열쇠

② 중국　　　④ 일본어　　　⑥ 책가방　　　⑦ 영화관

⑩ 기쁘다　　　⑪ 호텔

MEMO

01 안녕하세요!

안녕하세요!

你好!

Nǐ hǎo!

선생님, 안녕하세요!

老师好!

Lǎoshī hǎo!

여러분, 안녕하세요!

大家好!

Dàjiā hǎo!

안녕하세요! (아침 인사)

早上好!

Zǎoshang hǎo!

여러분, 안녕하세요!

你们好!

Nǐmen hǎo!

안녕하세요! (저녁 인사)

晚上好!

Wǎnshang hǎo!

(아빠) 안녕하세요!

爸爸好!

Bàba hǎo!

(엄마) 안녕하세요!

妈妈好!

Māma hǎo!

(오빠, 형) 안녕하세요!

哥哥好!

Gēge hǎo!

(언니, 누나) 안녕하세요!

姐姐好!

Jiějie hǎo!

(남동생) 안녕하세요!

弟弟好!

Dìdi hǎo!

(여동생) 안녕하세요!

妹妹好!

Mèimei hǎo!

(삼촌) 안녕하세요!

叔叔好!

Shūshu hǎo!

(이모) 안녕하세요!

阿姨好!

Āyí hǎo!

02 잘 지내세요?

잘 지내세요?

你好吗?

Nǐ hǎo ma?

그는 잘 지내세요?

他好吗?

Tā hǎo ma?

선생님은 잘 지내세요?

老师好吗?

Lǎoshī hǎo ma?

그녀도 잘 지내세요?

她也好吗?

Tā yě hǎo ma?

딸은 잘 지내요?

女儿好吗?

Nǚ'ér hǎo ma?

아들은 잘 지내요?

儿子好吗?

Érzi hǎo ma?

(할머니께선) 잘 지내세요?

奶奶好吗?

Nǎinai hǎo ma?

(할아버지께선) 잘 지내세요?

爷爷好吗?

Yéye hǎo ma?

(남편은) 잘 지내세요?

丈夫好吗?

Zhàngfu hǎo ma?

(아내는) 잘 지내세요?

妻子好吗?

Qīzi hǎo ma?

(첫째는) 잘 지내요?

老大好吗?

Lǎodà hǎo ma?

(둘째는) 잘 지내요?

老二好吗?

Lǎo'èr hǎo ma?

(셋째는) 잘 지내요?

老三好吗?

Lǎosān hǎo ma?

(막내는) 잘 지내요?

老幺好吗?

Lǎoyāo hǎo ma?

03 나는 바빠요.

나는 바빠요.

我很忙。

Wǒ hěn máng.

나는 잘 지내요.

我很好。

Wǒ hěn hǎo.

나는 배고파요.

我很饿。

Wǒ hěn è.

나는 기뻐요.

我很高兴。

Wǒ hěn gāoxìng.

나는 배불러요.

我很饱。

Wǒ hěn bǎo.

나는 아파요.

我很疼。

Wǒ hěn téng.

나는 피곤해요.

我很累。

Wǒ hěn lèi.

나는 목이 말라요.

我很渴。

Wǒ hěn kě.

나는 졸려요.

我很困。

Wǒ hěn kùn.

나는 편안해요.

我很舒服。

Wǒ hěn shūfu.

나는 기뻐요.

我很开心。

Wǒ hěn kāixīn.

나는 즐거워요.

我很快乐。

Wǒ hěn kuàilè.

나는 행복해요.

我很幸福。

Wǒ hěn xìngfú.

나는 만족해요.

我很满意。

Wǒ hěn mǎnyì.

04 그는 키가 작지 않아요.

그는 키가 작지 않아요.

他不矮。

Tā bù ǎi.

그는 잘생기지 않았어요.

他不帅。

Tā bú shuài.

그녀는 뚱뚱하지 않아요.

她不胖。

Tā bú pàng.

그녀는 똑똑하지 않아요.

她不聪明。

Tā bù cōngming.

나는 바빠요.

我很忙。

Wǒ hěn máng.

나는 바쁘지 않아요.

我不忙。

Wǒ bù máng.

그는 키가 크지 않아요.

他不高。

Tā bù gāo.

그녀는 예쁘지 않아요.

她不漂亮。

Tā bú piàoliang.

그녀는 친절하지 않아요.

她不热情。

Tā bú rèqíng.

그는 마르지 않았어요.

他不瘦。

Tā bú shòu.

그녀는 예쁘지 않아요.

她不好看。

Tā bù hǎokàn.

그는 착하지 않아요.

他不善良。

Tā bú shànliáng.

그녀는 외향적이지 않아요.

她不外向。

Tā bú wàixiàng.

그는 내성적이지 않아요.

他不内向。

Tā bú nèixiàng.

05 이거 비싸요?

이거 비싸요?

这个贵不贵?

Zhè ge guì bu guì?

이거 커요?

这个大不大?

Zhè ge dà bu dà?

이거 많아요?

这个多不多?

Zhè ge duō bu duō?

저거 빨라요?

那个快不快?

Nà ge kuài bu kuài?

이거 어려워요?

这个难不难?

Zhè ge nán bu nán?

이거 쉬워요?

这个容易不容易?

Zhè ge róngyi bu róngyi?

이거 작아요?

这个小不小?

Zhè ge xiǎo bu xiǎo?

이거 적어요?

这个少不少?

Zhè ge shǎo bu shǎo?

이거 느려요?

这个慢不慢?

Zhè ge màn bu màn?

이거 싸요?

这个便宜不便宜?

Zhè ge piányi bu piányi?

이거 길어요?

这个长不长?

Zhè ge cháng bu cháng?

이거 짧아요?

这个短不短?

Zhè ge duǎn bu duǎn?

이거 무거워요?

这个重不重?

Zhè ge zhòng bu zhòng?

이거 가벼워요?

这个轻不轻?

Zhè ge qīng bu qīng?

06　나는 한국 사람입니다.

나는 한국 사람입니다.

我是韩国人。

Wǒ shì Hánguórén.

그는 미국 사람입니다.

他是美国人。

Tā shì Měiguórén.

그녀는 일본 사람입니다.

她是日本人。

Tā shì Rìběnrén.

나는 중국 사람이 아닙니다.

我不是中国人。

Wǒ búshì Zhōngguórén.

나는 일본 사람이에요.

我是日本人。

Wǒ shì Rìběnrén.

나는 영국 사람이 아니에요.

我不是英国人。

Wǒ búshì Yīngguórén.

나는 태국 사람입니다.

我是泰国人。

Wǒ shì Tàiguórén.

나는 프랑스 사람입니다.

我是法国人。

Wǒ shì Fǎguórén.

나는 베트남 사람입니다.

我是越南人。

Wǒ shì Yuènánrén.

나는 독일 사람입니다.

我是德国人。

Wǒ shì Déguórén.

나는 스위스 사람입니다.

我是瑞士人。

Wǒ shì Ruìshìrén.

나는 인도 사람입니다.

我是印度人。

Wǒ shì Yìndùrén.

나는 필리핀 사람입니다.

我是菲律宾人。

Wǒ shì Fēilǜbīnrén.

나는 싱가포르 사람입니다.

我是新加坡人。

Wǒ shì Xīnjiāpōrén.

07 나는 손오공이라고 합니다.

나는 손오공이라고 합니다.

我叫孙悟空。

Wǒ jiào Sūn Wùkōng.

나는 손오공입니다.

我是孙悟空。

Wǒ shì Sūn Wùkōng.

나는 손씨입니다.

我姓孙。

Wǒ xìng Sūn.

그는 저팔계라고 합니다.

他叫猪八戒。

Tā jiào Zhū Bājiè.

나는 사오정이라고 합니다.

我叫沙悟净。

Wǒ jiào Shā Wùjìng.

나는 김씨입니다.

我姓金。

Wǒ xìng Jīn.

나는 장비라고 합니다.

我叫张飞。

Wǒ jiào Zhāng Fēi.

나는 양위환(양귀비)이라고 합니다.

我叫杨玉环。

Wǒ jiào Yáng Yùhuán.

나는 유비라고 합니다.

我叫刘备。

Wǒ jiào Liú Bèi.

나는 조조라고 합니다.

我叫曹操。

Wǒ jiào Cáo Cāo.

나는 이씨입니다.

我姓李。

Wǒ xìng Lǐ.

나는 박씨입니다.

我姓朴。

Wǒ xìng Piáo.

나는 최씨입니다.

我姓崔。

Wǒ xìng Cuī.

나는 정씨입니다.

我姓郑。

Wǒ xìng Zhèng.

08 나는 컴퓨터를 가지고 있어요.

나는 오빠(형)가 있어요.

我有哥哥。

Wǒ yǒu gēge.

나는 언니(누나)가 있어요.

我有姐姐。

Wǒ yǒu jiějie.

나는 컴퓨터를 가지고 있어요.

我有电脑。

Wǒ yǒu diànnǎo.

나는 휴대폰이 없어요.

我没有手机。

Wǒ méiyǒu shǒujī.

나는 남동생이 있어요.

我有弟弟。

Wǒ yǒu dìdi.

나는 남동생이 없어요.

我没有弟弟。

Wǒ méiyǒu dìdi.

나는 돈이 있어요.

我有钱。

Wǒ yǒu qián.

나는 책이 있어요.

我有书。

Wǒ yǒu shū.

나는 TV가 있어요.

我有电视。

Wǒ yǒu diànshì.

나는 안경이 있어요.

我有眼镜。

Wǒ yǒu yǎnjìng.

나는 지갑이 있어요.

我有钱包。

Wǒ yǒu qiánbāo.

나는 책가방이 있어요.

我有书包。

Wǒ yǒu shūbāo.

나는 여권이 있어요.

我有护照。

Wǒ yǒu hùzhào.

나는 짐이 있어요.

我有行李。

Wǒ yǒu xíngli.

09 나는 공원에 있어요.

나는 집에 있어요.

我在家。

Wǒ zài jiā.

나는 공원에 있어요.

我在公园。

Wǒ zài gōngyuán.

당신은 병원에 있어요?

你在医院吗?

Nǐ zài yīyuàn ma?

나는 주민센터에 있어요.

我在居民中心。

Wǒ zài jūmínzhōngxīn.

나는 우체국에 있어요.

我在邮局。

Wǒ zài yóujú.

나는 은행에 있어요.

我在银行。

Wǒ zài yínháng.

나는 호텔에 있어요.

我在酒店。

Wǒ zài jiǔdiàn.

나는 상점에 있어요.

我在商店。

Wǒ zài shāngdiàn.

나는 서점에 있어요.

我在书店。

Wǒ zài shūdiàn.

나는 영화관에 있어요.

我在电影院。

Wǒ zài diànyǐngyuàn.

나는 학교에 있어요.

我在学校。

Wǒ zài xuéxiào.

나는 식당에 있어요.

我在餐厅。

Wǒ zài cāntīng.

나는 도서관에 있어요.

我在图书馆。

Wǒ zài túshūguǎn.

나는 기차역에 있어요.

我在火车站。

Wǒ zài huǒchēzhàn.

10 나는 중국어를 공부해요.

나는 중국어를 공부해요.

我学汉语。

Wǒ xué Hànyǔ.

나는 일본어를 공부해요.

我学日语。

Wǒ xué Rìyǔ.

나는 영어를 공부해요.

我学英语。

Wǒ xué Yīngyǔ.

나는 한국어를 공부하지 않아요.

我不学韩语。

Wǒ bù xué Hányǔ.

나는 컴퓨터를 공부해요.

我学电脑。

Wǒ xué diànnǎo.

나는 한자를 공부해요.

我学汉字。

Wǒ xué Hànzì.

나는 서예를 공부해요.

我学书法。

Wǒ xué shūfǎ.

▶96쪽

나는 그림을 공부해요.

我学画儿。

Wǒ xué huàr.

나는 독일어를 공부해요.

我学德语。

Wǒ xué Déyǔ.

나는 프랑스어를 공부해요.

我学法语。

Wǒ xué Fǎyǔ.

나는 태국어를 공부해요.

我学泰语。

Wǒ xué Tàiyǔ.

나는 스페인어를 공부해요.

我学西班牙语。

Wǒ xué Xībānyáyǔ.

나는 바둑을 공부해요.

我学围棋。

Wǒ xué wéiqí.

나는 무용을 공부해요.

我学舞蹈。

Wǒ xué wǔdǎo.

11 나는 중국에 가고 싶어요.

나는 중국에 가고 싶어요.

我想去中国。

Wǒ xiǎng qù Zhōngguó.

나는 휴대폰을 사고 싶어요.

我想买手机。

Wǒ xiǎng mǎi shǒujī.

나는 식사를 하고 싶어요.

我想吃饭。

Wǒ xiǎng chī fàn.

나는 커피를 마시고 싶어요.

我想喝咖啡。

Wǒ xiǎng hē kāfēi.

나는 떡을 먹어요.

我吃年糕。

Wǒ chī niángāo.

나는 떡을 먹고 싶어요.

我想吃年糕。

Wǒ xiǎng chī niángāo.

나는 영화를 보고 싶어요.

我想看电影。

Wǒ xiǎng kàn diànyǐng.

나는 음악을 듣고 싶어요.

我想听音乐。

Wǒ xiǎng tīng yīnyuè.

나는 사진을 찍고 싶어요.

我想拍照片。

Wǒ xiǎng pāi zhàopiàn.

나는 음식을 주문하고 싶어요.

我想点菜。

Wǒ xiǎng diǎn cài.

나는 중국어를 말하고 싶어요.

我想说汉语。

Wǒ xiǎng shuō Hànyǔ.

나는 한자를 쓰고 싶어요.

我想写汉字。

Wǒ xiǎng xiě Hànzì.

나는 옷을 사고 싶어요.

我想买衣服。

Wǒ xiǎng mǎi yīfu.

나는 차를 마시고 싶어요.

我想喝茶。

Wǒ xiǎng hē chá.

12 나는 중국 음식을 만들 줄 알아요.

나는 중국 음식을 만들 줄 알아요.

我会做中国菜。

Wǒ huì zuò Zhōngguócài.

나는 한국 음식을 만들 줄 알아요.

我会做韩国菜。

Wǒ huì zuò Hánguócài.

나는 일본 음식을 만들 줄 알아요.

我会做日本菜。

Wǒ huì zuò Rìběncài.

나는 태국 음식을 만들 줄 몰라요.

我不会做泰国菜。

Wǒ bú huì zuò Tàiguócài.

나는 중국어를 말해요.

我说汉语。

Wǒ shuō Hànyǔ.

나는 중국어를 말할 줄 알아요.

我会说汉语。

Wǒ huì shuō Hànyǔ.

나는 한자를 쓸 줄 알아요.

我会写汉字。

Wǒ huì xiě hànzì.

▶114쪽

나는 옷을 만들 줄 알아요.

我会做衣服。

Wǒ huì zuò yīfu.

나는 자전거를 탈 줄 알아요.

我会骑自行车。

Wǒ huì qí zìxíngchē.

나는 수영을 할 줄 알아요.

我会游泳。

Wǒ huì yóuyǒng.

나는 노래할 줄 알아요.

我会唱歌。

Wǒ huì chànggē.

나는 그림을 그릴 줄 알아요.

我会画画儿。

Wǒ huì huà huàr.

나는 춤출 줄 알아요.

我会跳舞。

Wǒ huì tiàowǔ.

나는 운전할 줄 알아요.

我会开车。

Wǒ huì kāichē.

13 무엇을 사려고 해요?

당신은 무엇을 사려고 해요?

你要买什么?

Nǐ yào mǎi shénme?

당신은 무엇을 먹으려고 해요?

你要吃什么?

Nǐ yào chī shénme?

당신은 무엇을 마시려고 해요?

你要喝什么?

Nǐ yào hē shénme?

당신은 무엇을 배우려고 해요?

你要学什么?

Nǐ yào xué shénme?

당신은 무엇을 팔려고 해요?

你要卖什么?

Nǐ yào mài shénme?

당신은 무엇을 쓰려고 해요?

你要写什么?

Nǐ yào xiě shénme?

당신은 무엇을 보려고 해요?

你要看什么?

Nǐ yào kàn shénme?

▶122쪽

당신은 무엇을 들으려고 해요?

你要听什么?

Nǐ yào tīng shénme?

당신은 무엇을 하려고 해요?

你要做什么?

Nǐ yào zuò shénme?

당신은 무엇을 주문하려고 해요?

你要点什么?

Nǐ yào diǎn shénme?

당신은 무엇을 말하려고 해요?

你要说什么?

Nǐ yào shuō shénme?

당신은 무엇을 하려고 해요?

你要干什么?

Nǐ yào gàn shénme?

당신은 무엇을 가르치려고 해요?

你要教什么?

Nǐ yào jiāo shénme?

당신은 무엇을 읽으려고 해요?

你要读什么?

Nǐ yào dú shénme?

14 나는 올해 30세예요.

나는 올해 삼십이에요.

我今年30。

Wǒ jīnnián sānshí.

나는 올해 30세예요.

我今年30岁。

Wǒ jīnnián sānshí suì.

나는 닭띠예요.

我属鸡。

Wǒ shǔ jī.

나는 원숭이띠예요.

我属猴。

Wǒ shǔ hóu.

나는 올해 55세예요.

我今年55岁。

Wǒ jīnnián wǔshíwǔ suì.

나는 올해 66세가 아니에요.

我今年不是66。

Wǒ jīnnián búshì liùshíliù.

나는 쥐띠예요.

我属鼠。

Wǒ shǔ shǔ.

나는 소띠예요.

我属牛。

Wǒ shǔ niú.

나는 호랑이띠예요.

我属虎。

Wǒ shǔ hǔ.

나는 토끼띠예요.

我属兔。

Wǒ shǔ tù.

나는 용띠예요.

我属龙。

Wǒ shǔ lóng.

나는 뱀띠예요.

我属蛇。

Wǒ shǔ shé.

나는 말띠예요.

我属马。

Wǒ shǔ mǎ.

나는 양띠예요.

我属羊。

Wǒ shǔ yáng.

나는 원숭이띠예요.

我属猴。

Wǒ shǔ hóu.

나는 닭띠예요.

我属鸡。

Wǒ shǔ jī.

나는 개띠예요.

我属狗。

Wǒ shǔ gǒu.

나는 돼지띠예요.

我属猪。

Wǒ shǔ zhū.

15 오늘은 무슨 요일이에요?

오늘은 무슨 요일이에요?

今天星期几?

Jīntiān xīngqī jǐ?

오늘은 월요일이에요.

今天星期一。

Jīntiān xīngqīyī.

내일은 무슨 요일이에요?

明天星期几?

Míngtiān xīngqī jǐ?

내일은 화요일이에요.

明天星期二。

Míngtiān xīngqī'èr.

내일은 무슨 요일이에요?

明天星期几?

Míngtiān xīngqī jǐ?

내일은 일요일이에요.

明天星期天。

Míngtiān xīngqītiān.

오늘은 화요일이에요.

今天星期二。

Jīntiān xīngqī'èr.

오늘은 수요일이에요.

今天星期三。

Jīntiān xīngqīsān.

오늘은 목요일이에요.

今天星期四。

Jīntiān xīngqīsì.

오늘은 금요일이에요.

今天星期五。

Jīntiān xīngqīwǔ.

오늘은 토요일이에요.

今天星期六。

Jīntiān xīngqīliù.

오늘은 일요일이에요.

今天星期天。

Jīntiān xīngqītiān.

16 내일은 6일이 아니에요.

오늘은 몇 월 며칠이에요?

今天几月几号?

Jīntiān jǐ yuè jǐ hào?

오늘은 4월 4일이에요.

今天四月四号。

Jīntiān sì yuè sì hào.

내일은 6일이에요?

明天六号吗?

Míngtiān liù hào ma?

내일은 6일이 아니에요.

明天不是六号。

Míngtiān búshì liù hào.

오늘은 3일이에요.

今天三号。

Jīntiān sān hào.

오늘은 3일이 아니에요.

今天不是三号。

Jīntiān búshì sān hào.

오늘은 3월 8일이에요.

今天三月八号。

Jīntiān sān yuè bā hào.

▶146쪽

오늘은 4월 5일이에요.

今天四月五号。

Jīntiān sì yuè wǔ hào.

오늘은 5월 1일이에요.

今天五月一号。

Jīntiān wǔ yuè yī hào.

오늘은 10월 1일이에요.

今天十月一号。

Jīntiān shí yuè yī hào.

오늘은 8월 15일이에요.

今天8月15号。

Jīntiān bā yuè shíwǔ hào.

오늘은 9월 9일이에요.

今天9月9号。

Jīntiān jiǔ yuè jiǔ hào.

오늘은 11월 11일이에요.

今天11月11号。

Jīntiān shíyī yuè shíyī hào.

오늘은 12월 25일이에요.

今天12月25号。

Jīntiān shí'èr yuè èrshíwǔ hào.

17 우리 2시에 만나요!

우리 2시에 만나요!

我们两点见吧!

Wǒmen liǎng diǎn jiàn ba!

우리 10시에 수업해요!

我们十点上课吧!

Wǒmen shí diǎn shàngkè ba!

우리 몇 시에 퇴근해요?

我们几点下班?

Wǒmen jǐ diǎn xiàbān?

우리 6시에 퇴근해요!

我们六点下班吧!

Wǒmen liù diǎn xiàbān ba!

우리 토요일에 만나요!

我们星期六见吧!

Wǒmen xīngqīliù jiàn ba!

우리 11시에 영화 봐요!

我们十一点看电影吧!

Wǒmen shíyī diǎn kàn diànyǐng ba!

나는 6시에 일어나요.

我六点起床。

Wǒ liù diǎn qǐchuáng.

나는 7시에 아침 식사를 해요.

我七点吃早饭。

Wǒ qī diǎn chī zǎofàn.

나는 8시에 TV를 봐요.

我八点看电视。

Wǒ bā diǎn kàn diànshì.

나는 9시에 운동해요.

我九点运动。

Wǒ jiǔ diǎn yùndòng.

나는 12시에 점심을 먹어요.

我十二点吃午饭。

Wǒ shí'èr diǎn chī wǔfàn.

나는 5시에 저녁을 먹어요.

我五点吃晚饭。

Wǒ wǔ diǎn chī wǎnfàn.

나는 4시에 샤워를 해요.

我四点洗澡。

Wǒ sì diǎn xǐzǎo.

나는 9시에 잠을 자요.

我九点睡觉。

Wǒ jiǔ diǎn shuìjiào.

18 오늘은 비가 와요.

오늘은 날씨가 어때요?

今天天气怎么样?

Jīntiān tiānqì zěnmeyàng?

오늘은 날씨가 좋아요.

今天天气很好。

Jīntiān tiānqì hěn hǎo.

오늘은 비가 와요.

今天下雨。

Jīntiān xiàyǔ.

오늘은 추워요.

今天很冷。

Jīntiān hěn lěng.

오늘은 더워요.

今天很热。

Jīntiān hěn rè.

오늘은 시원해요.

今天很凉快。

Jīntiān hěn liángkuai.

오늘은 눈이 내려요.

今天下雪。

Jīntiān xiàxuě.

▶162쪽

오늘은 따뜻해요.

今天暖和。

Jīntiān nuǎnhuo.

오늘은 맑은 날씨예요.

今天晴天。

Jīntiān qíngtiān.

오늘은 흐린 날씨예요.

今天阴天。

Jīntiān yīntiān.

오늘은 번개가 쳐요.

今天打雷。

Jīntiān dǎléi.

오늘은 건조해요.

今天干燥。

Jīntiān gānzào.

오늘은 습해요.

今天潮湿。

Jīntiān cháoshī.

오늘은 바람이 불어요.

今天刮风。

Jīntiān guāfēng.

19 모두 100위엔입니다.

모두 얼마예요?

一共多少钱?

Yígòng duōshao qián?

모두 100위엔입니다.

一共100块钱。

Yígòng yì bǎi kuài qián.

모두 100위엔입니다.

一共100块。

Yígòng yì bǎi kuài.

모두 100위엔입니다.

一共100元。

Yígòng yì bǎi yuán.

모두 106위엔입니다.

一共106块。

Yígòng yì bǎi líng liù kuài.

모두 160위엔입니다.

一共160块钱。

Yígòng yì bǎi liùshí kuài qián.

모두 23위엔입니다.

一共23块。

Yígòng èrshísān kuài.

모두 90위엔입니다.

一共90块。

Yígòng jiǔshí kuài.

모두 105위엔입니다.

一共105块。

Yígòng yì bǎi líng wǔ kuài.

모두 150위엔입니다.

一共150块。

Yígòng yì bǎi wǔshí kuài.

나는 병원에 가지 않아요.

我不去医院。

Wǒ bú qù yīyuàn.

나는 집에 있지 않아요.

我不在家。

Wǒ bú zài jiā.

나는 영화를 보지 않아요.

我不看电影。

Wǒ bú kàn diànyǐng.

나는 중국어를 못해요.

我不会说汉语。

Wǒ bú huì shuō Hànyǔ.

종업원, 위샹러우쓰 하나 주세요.

服务员，来一个鱼香肉丝。

Fúwùyuán, lái yí ge yúxiāngròusī.

종업원, 위샹러우쓰 하나 주세요.

服务员，来一个鱼香肉丝。

Fúwùyuán, lái yí ge yúxiāngròusī.

밥 한 공기 주세요.

来一碗米饭。

Lái yì wǎn mǐfàn.

맥주 두 병 주세요.

来两瓶啤酒。

Lái liǎngpíng píjiǔ.

콜라 한 캔 주세요.

来一听可乐。

Lái yì tīng kělè.

계란볶음밥 하나 주세요.

来一个鸡蛋炒饭。

Lái yí ge jīdànchǎofàn.

차 한 잔 주세요.

来一杯茶。

Lái yì bēi chá.

궁보계정 하나 주세요.

来一个宫保鸡丁。

Lái yí ge gōngbǎojīdīng.

산라탕 한 그릇 주세요.

来一碗酸辣汤。

Lái yì wǎn suānlàtāng.

국수 한 그릇 주세요.

来一碗面条。

Lái yì wǎn miàntiáo.

바이주 한 병 주세요.

来一瓶白酒。

Lái yì píng báijiǔ.

어향가지볶음 하나 주세요.

来一个鱼香茄子。

Lái yí ge yúxiāngqiézi.

소고기 탕수육 하나 주세요.

来一个糖醋牛肉。

Lái yí ge tángcùniúròu.

양꼬치 하나 주세요.

来一个羊肉串儿。

Lái yí ge yángròuchuànr.

기본적인 인사말

고마워요!

谢谢!

Xièxie!

별말씀을요!

不客气!

Bú kèqi!

미안해요!

对不起!

Duìbuqǐ!

괜찮아요!

没关系!

Méi guānxi!

잘 가요!

再见!

Zàijiàn!

밥 먹었어요?

你吃饭了吗?

Nǐ chī fàn le ma?

▶ 20쪽

먹었어요.

吃了。

Chī le.

어디 가세요?

你去哪儿?

Nǐ qù nǎr?

병원에 가요.

我去医院。

Wǒ qù yīyuàn.

축하해요!

恭喜恭喜!

Gōngxǐ gōngxǐ!

돈 많이 버세요!

恭喜发财!

Gōngxǐ fācái!

여행 잘 다녀오세요!

一路顺风!

Yílù shùnfēng!

나에 대해 써보기

▶72쪽, 64쪽, 130쪽

이름이 어떻게 됩니까?

你叫什么名字?

Nǐ jiào shénme míngzi?

내 이름은 OOO입니다.

어느 나라 사람입니까?

你是哪国人?

Nǐ shì nǎ guó rén?

나는 OO 사람입니다.

올해 몇 살입니까?

你今年多大?

Nǐ jīnnián duō dà?

나는 올해 OO살입니다.